Klett Lektürehilfen

E. T. A. Hoffmann

Der goldne Topf

Interpretationshilfe für Oberstufe und Abitur

von
Monika Fellenberg und Nadine Küster

Klett Lerntraining

Dr. Monika Fellenberg und Nadine Küster sind Lehrerinnen für Deutsch und Geschichte sowie Abteilungsleiterinnen für Gesellschaftswissenschaften an einem Stuttgarter Gymnasium.
Frau Fellenberg ist die Verfasserin der Kapitel zu Analyse und Interpretation sowie der Übersichten 3, 5 und 6; Frau Küster hat die Inhaltsangabe, die Prüfungsaufgaben sowie die Übersichten 1, 2, 4, 7 und 8 verfasst.

Die Textzitate folgen der Ausgabe: E. T. A. Hoffmann: Der goldne Topf. Ein Märchen aus der neuen Zeit. Stuttgart: Reclam 2004 (Reclams Universal-Bibliothek Nr. 101).

Bibliografische Information der Deutschen Nationalbibliothek
Die Deutsche Nationalbibliothek verzeichnet diese Publikation in der Deutschen Nationalbibliografie; detaillierte bibliografische Daten sind im Internet über http://dnb.dnb.de abrufbar

Dieses Werk folgt der reformierten Rechtschreibung und Zeichensetzung. Ausnahmen bilden Texte, bei denen künstlerische, philologische oder lizenzrechtliche Gründe einer Änderung entgegenstehen.

3. Auflage 2019

www.klett-lerntraining.de
kundenservice@klett-lerntraining.de
Umschlagfoto: iStockphoto/ZU_09
Bildnachweis: S. 53: Shutterstock/Andreas Zerndl
Satz: DOPPELPUNKT, Stuttgart
Druck: medienhaus Plump GmbH, Rheinbreitbach
Printed in Germany
ISBN 978-3-12-923106-7

1 Inhaltsangabe und erste Deutungsaspekte

2 Analyse und Interpretation

3 Schnellcheck

4 Prüfungsaufgaben und Lösungen

1 Inhaltsangabe und erste Deutungsaspekte

Die Vigilien 1–12

E. T. A. Hoffmanns Märchen ist in zwölf Vigilien unterteilt. Der aus dem Lateinischen stammende Begriff bezeichnet die Nachtwachen, in denen der Erzähler die Geschichte aufschreibt. Die Begebenheiten der einzelnen Vigilien sind jeweils zu Beginn stichwortartig zusammengefasst (siehe dazu den Abschnitt „Aufbau und Struktur der Handlung“, S. 34).

Die Textzitate beziehen sich im Folgenden auf die im Impressum (S. 2) genannte Ausgabe. Aufgrund der Kürze der Vigilien ist jedoch eine Orientierung auch in anderen Ausgaben problemlos möglich. Es ist lediglich zu beachten, dass Unterschiede in der Rechtschreibung bestehen können, je nachdem ob und in welchem Umfang sich ein Herausgeber für eine Modernisierung entschieden hat. Da die hier verwendete Textausgabe Erläuterungen zu schwer verständlichen Begriffen und Anspielungen enthält, wurde darauf in der folgenden Darstellung des Inhalts verzichtet, soweit sie nicht für die Interpretation wichtig sind.

Erste Vigilie

KURZINFO

Anselmus' erste wundersame Erscheinung

- Es ist Himmelfahrtstag in Dresden.
- Der Student Anselmus stößt den mit Äpfeln gefüllten Korb eines alten Weibes um, das ihn daraufhin verflucht.
- Er flüchtet ans Elbufer. Dort hat er eine wundersame Erscheinung.

Ein denkwürdiger Himmelfahrtstag in Dresden

Der Student Anselmus ist in Dresden auf dem Weg zu einem Himmelfahrtsfest. Dabei stolpert er gegen den mit Äpfeln und Kuchen gefüllten Korb eines „alte[n] hässliche[n] Weib[es]“ (5.7), so dass die Waren auf den Boden purzeln. Beschämt hält Anselmus der erbost zeternden Alten als Entschädigung für das Missgeschick seinen spärlich gefüllten Geldbeutel hin, den diese hastig ergreift. Als er sich aus der Menge, die ihn inzwischen umringt, lösen kann und davonstürzt, ruft ihm das alte Weib folgende geheimnisvollen Worte nach: „Ja renne – renne nur zu, Satanskind – ins Kristall bald dein Fall – ins Kristall!" (5.19 f.)

Anselmus' Aussehen

Während Anselmus flieht, beschreibt der Erzähler sein Äußeres: Sein Gesicht wird als „wohlgebildet" (6.2) bezeichnet, sein Körperbau als kräftig gewachsen (vgl. 6.4). In seiner Kleidung, einem Frack mit einem Unterkleid, wirkt er magistermäßig (vgl. 6.10). Auf seiner Flucht gerät er in eine feiernde Menge, und ihm wird bewusst, dass er nicht, wie geplant, an den Feierlichkeiten teilnehmen kann, weil er der Alten sein gesamtes Geld gegeben hat. Betrübt über seine klägliche Situation geht er an das verlassene Elbufer und setzt sich unter einen Holunderbaum. Sein Blick schweift über die Natur ringsum und das „herrliche Dresden" (7.8), aber er blickt „finster" (7.13) vor sich hin, nachdem er sich eine Pfeife angezündet hat, und hängt seinen Gedanken nach.

Flucht ans Elbufer

Anselmus' Lebenssituation

Im folgenden Selbstgespräch fasst er zusammen, dass er schon immer in seinem Leben vom Pech verfolgt sei. Er führt verschiedene Beispiele dafür an und benennt sowohl „Satan" (7.21) als auch seinen „Unstern" (8.9) als die äußeren Mächte, die sein Leben beeinflussen. Er malt sich aus, wie er den heutigen Festtag hätte verbringen können, wenn ihm das Missgeschick mit dem Apfelkorb nicht passiert wäre. Er stellt sich vor, wie er getrunken und Mädchen angesprochen hätte.

Seine Gedankengänge werden jäh von Geräuschen in der Natur ringsum unterbrochen. Anselmus nimmt ein Rascheln wahr, das in ein Flüstern übergeht. Er erkennt zwar einzelne Worte, doch hält er das Flüstern nur für den Abendwind, bis über ihm ein „Dreiklang heller Kristallglocken" (10.4) ertönt. Er schaut hinauf und erblickt „drei in grünem Gold erglänzende" Schlangen. Das Flüstern beginnt von Neuem und die Schlangen winden sich um die Zweige, so dass es den Anschein hat, „als streue der Holunderbusch tausend funkelnde Smaragde durch seine dunklen Blätter" (10.12 f.). Anselmus ist tief ergrif-

Die drei Schlangen

fen, als sich eine der Schlangen zu ihm herunterbeugt und ihm in die Augen blickt. Ihn befallen eine große Sehnsucht und „ein nie gekanntes Gefühl der höchsten Glückseligkeit und des tiefsten Schmerzes" (10.21 f.). Der Abendwind scheint nun zu ihm zu sprechen, und das Farben- und Lichterspiel wird immer intensiver. Auch die Düfte nimmt Anselmus stärker wahr. Doch der Einbruch der Dämmerung beendet dieses Erlebnis, die drei Schlangen stürzen sich in die Elbe und verschwinden.

Gefühl von starker Sehnsucht

Zweite Vigilie

KURZINFO

Anselmus' Begegnung mit Veronika

- Eine Bürgersfamilie, die Anselmus für einen Betrunkenen hält, holt ihn wieder in die Realität zurück.
- Ihm ist die Situation sehr unangenehm, er schämt sich für sein Verhalten.
- Er trifft auf seinen Freund Konrektor Paulmann und macht mit ihm und seiner Familie eine Gondelfahrt über die Elbe.
- Veronika, die Tochter seines Freundes, gefällt ihm, und sie lernen einander kennen.
- Registrator Heerbrand bietet Anselmus eine Arbeitsstelle an. Da der Student für seine schöne Handschrift bekannt ist, soll er für Archivarius Lindhorst arbeiten und Abschriften anfertigen.
- Anselmus freut sich über das Angebot und macht sich auf den Weg zum Archivarius, an dessen Tür ihn aber eine Wahnvorstellung am Eintreten hindert.

Anselmus wird von einer Bürgersfrau wieder in die Realität zurückgeholt. Sie beobachtet den jungen Studenten dabei, wie er den Holunderbusch umfasst und unaufhörlich bittet, dass die Schlangen noch einmal mit ihm sprechen mögen. Ihm ist die Situation sehr unangenehm, da er sich nur noch daran erinnert, wie er den Busch laut anrief. Als er gerade weglaufen möchte, kommt der Mann der Frau dazu. Er hält Anselmus für einen betrunkenen Theologiestudenten, nimmt sich etwas von dessen Tabak und stopft seine Pfeife damit. Währenddessen kommen weitere Mädchen hinzu, was Anselmus die Situation noch unerträglicher macht, da er sich so sehr schämt. Nachdem er seinen Tabaksbeutel vom Bürgersmann zurückerhalten hat, stürzt er davon.

Anselmus wird von der Bürgersfamilie aufgefunden

Anselmus trifft auf seinen Freund Konrektor Paulmann

Während der Flucht begegnet er seinem Freund Konrektor Paulmann. Dieser lädt ihn zu einer Gondelfahrt über die Elbe ein, was Anselmus „recht gern an[nimmt], weil er denn doch so dem bösen Verhängnis, das heute über ihn walte, zu entrinnen glaubt […]“ (14.14–16). Auf der Elbe beobachten die Fahrgäste der Gondel ein Feuerwerk. Als Anselmus auf das Wasser blickt, auf dem sich die Farben des Feuerwerks spiegeln, fällt ihm wieder ein, was ihm unter dem Holunderbusch widerfahren ist. Die dort empfundene Sehnsucht überkommt ihn sofort wieder. In den blinkenden Farben auf dem Wasser glaubt er die drei Schlangen zu erblicken und spricht zu ihnen. Der Schiffer wird wütend, weil Anselmus dabei so heftige Bewegungen macht, dass er beinahe ins Wasser stürzt. Vor Schreck wechseln die mitfahrenden Mädchen ihre Plätze, Konrektor Paulmann und Registrator Heerbrand besprechen etwas miteinander, das Anselmus nicht verstehen kann. Der Konrektor setzt sich daraufhin zu Anselmus und fragt ihn nach seinem Befinden. Doch er ist noch nicht wieder ansprechbar, da er die Stimmen der Schlangen aus dem Wasser zu vernehmen meint. Dann wird ihm aber bewusst, dass sich nur die Lichter der Häuser im Wasser spiegeln und er sich die Wahrnehmungen eingebildet hat. Der Konrektor lässt nicht locker und fragt Anselmus noch eindringlicher nach seinem Befinden. Der Student antwortet kleinlaut und erwähnt sein Erlebnis unter dem Holunderbusch. Während der Konrektor dies strikt abtut und ihn als „Narr“ (16.9) bezeichnet, reagiert der Rest der Gondelgemeinschaft offen und verständnisvoll. Veronika, die älteste Tochter des Konrektors, zeigt sich ebenso einfühlsam wie der Registrator, der von eigenen Erfahrungen mit „einem gewissen träumerischen Zustand“ (16.20) berichtet.

Anselmus überkommt wieder starke Sehnsucht

Anselmus wacht aus Träumereien auf

Anselmus nimmt Veronika wahr

Anselmus tut das Verständnis gut. Ihm fallen die schönen blauen Augen der Veronika auf, er vergisst die Vorfälle am Holunderbusch und vollzieht eine „glückliche Änderung“ (17.13 f.), die auch Konrektor Paulmann bemerkt. Anselmus fühlt sich nun heiter und beschwingt und geleitet Veronika nach Hause, die sich bei ihm eingehakt hat. Freilich passiert ihm noch ein weiteres Missgeschick, indem er auf einer Pfütze ausrutscht und dabei Veronikas weißes Kleid bespritzt.

Essen und Musizieren im Haus des Konrektors

Im Hause des Konrektors, der sich zuvor bei Anselmus für seine harten Worte bei der Gondelfahrt entschuldigt hat, nimmt die Gesellschaft eine Mahlzeit ein. Danach wird „wie gewöhnlich“ (17.28) musiziert. Als Registrator Heerbrand am späten Abend gehen möchte, flüstert ihm Konrektor Paulmann noch etwas zu, woraufhin sich Heerbrand „mit tausend Freuden“ (18.17) an Anselmus wendet und ihn fragt, ob er nicht beim Geheimen Archivarius Lindhorst arbeiten möchte. Dieser suche jemanden, der Texte fehlerfrei und „auf geschickte Weise“ (18.33) kopieren könne. Da Anselmus für seine schöne Schrift und Zeichenkunst bekannt ist, schickt ihn der Registrator für den nächsten Tag um zwölf Uhr zum Haus des Archivarius, jedoch nicht, ohne ihn eindringlich zu warnen:

Angebot einer Arbeitsstelle beim Geheimen Archivarius Lindhorst

> „Aber hüten Sie sich ja vor jeden Tintenflecken; fällt er auf die Abschrift, so müssen Sie ohne Gnade von vorn anfangen, fällt er auf das Original, so ist der Herr Archivarius imstande, Sie zum Fenster hinauszuwerfen, denn es ist ein zorniger Mann.“ (19.18–23)

Anselmus freut sich über das Angebot und macht sich am nächsten Tag frühzeitig auf den Weg, um pünktlich zu erscheinen. Da er zu früh an seinem Ziel ankommt, geht er noch in einen Laden und trinkt zwei Gläschen Magenlikör. Als er um kurz vor zwölf wieder vor der Tür des Archivarius steht und klingeln will, verwandelt sich das Gesicht des Türklopfers in das Gesicht der alten Frau mit dem Apfelkorb. Anselmus taumelt entsetzt zurück und will sich am Türpfosten festhalten, ergreift aber stattdessen die Klingelschnur. Durch das gellende Läuten hindurch ertönt eine Stimme: „Bald dein Fall ins Kristall!“ (21.1) Ein Grausen packt Anselmus, die Klingelschnur wird zur Riesenschlange, die ihn erwürgen will und das Blut aus seinen Adern presst. Er verliert das Bewusstsein und kommt erst wieder zu sich, als er in seinem Bett liegt und Konrektor Paulmann neben ihm steht. Wie er dorthin gekommen ist und welchen Ausgang die Ereignisse vor der Haustür des Archivarius genommen haben, schildert eine Rückblende in der folgenden Vigilie (vgl. 25.24 ff.).

An der Tür zum Haus des Archivarius befallen Anselmus Wahnvorstellungen

Dritte Vigilie

KURZINFO

Anselmus lernt den Geheimen Archivarius Lindhorst kennen

- Archivarius Lindhorst berichtet in einem Kaffeehaus über seine Herkunft.
- Heerbrand und Paulmann haben Anselmus ins Kaffeehaus mitgenommen, da er nach dem Vorfall an der Tür des Archivarius kein zweites Mal den Besuch wagen wollte.
- Beide schmieden einen Plan, wie sie Anselmus dem Archivarius vorstellen können.
- Es kommt zur Kontaktaufnahme zwischen den beiden.
- Anselmus ist angetan vom Archivarius und will am nächsten Tag seine Arbeit beginnen.

Geschichte über Phosphorus und die Feuerlilie

Die dritte Vigilie beginnt mit der Schilderung einer phantastisch anmutenden Geschichte, die, wie sich später herausstellt, von Archivarius Lindhorst in einem Kaffeehaus erzählt wird. Seine Zuhörerschaft besteht aus einer Gesellschaft, bei der auch Anselmus, Paulmann und Heerbrand zugegen sind. In der Geschichte des Archivarius geht es um die Liebe zwischen dem Jüngling Phosphorus und einer Feuerlilie. Registrator Heerbrand wertet die Geschichte als „orientalische[n] Schwulst" (23.34) ab und fordert den Archivarius dazu auf, eine Geschichte aus dem wahren Leben preiszugeben. Dieser aber besteht darauf, dass seine Erzählung wahr und er ein Emporkömmling aus der geschilderten Liebesbeziehung und die Feuerlilie somit seine „Ur-ur-ur-ur-Großmutter" (24.8 f.) sei. Während ihn seine Zuhörer auslachen, berichtet er weiter, dass sein Bruder ein Drache und sein Vater vor 385 Jahren gestorben sei. Nur Anselmus wird durch die phantastischen Geschichten, die der Archivarius erzählt, unheimlich zumute, und er fängt zu zittern und zu beben an (vgl. 25.18 und 21).

Anselmus' Reaktion auf den Archivarius

Ausgang der Situation an der Haustür des Archivarius

Zu einem klärenden Gespräch mit dem Archivarius wegen des Stellenangebots und der Vorkommnisse an der Haustür kommt es nicht mehr. Anselmus hat seit dem furchtbaren Erlebnis kein zweites Mal gewagt, den Archivarius aufzusuchen. Konrektor Paulmann war zuällig vorbeigekommen, als der Student bewusstlos vor der Tür lag. Auch ein altes Weib, das einen Korb mit Kuchen und Äpfeln bei sich hatte, war zugegen. Der Konrektor ließ Anselmus auf einer Trage zu sich nach Hause bringen.

Als Anselmus dort zu sich gekommen war, blieb er fest davon überzeugt, dass ihm an dem Türklopfer der Haustüre das Gesicht „der Hexe vom Schwarzen Tore“ (26.2 f.) entgegengegrinst hatte. Die Anwesenden, Konrektor, Registrator und Veronika, konnten ihn nicht beruhigen, so dass sie ihn für „seelenkrank“ (26.14) hielten. Als Mittel, ihn zu zerstreuen, kam es nun darauf an, Anselmus mit dem Archivarius bekannt zu machen, um eine Beschäftigung für ihn zu finden. So lud Heerbrand den Studenten ein, jeden Abend mit ihm das vom Archivarius geschätzte Kaffeehaus zu besuchen, bis sie diesen dort antreffen würden.

Plan, Anselmus dem Archivarius vorzustellen

Als es so weit ist, reagiert der Archivarius knapp, aber positiv auf den Vorschlag, dass Anselmus seine Manuskripte kopieren könne („Das ist mir ganz ungemein lieb“, 27.5 f.). Aufkommende Zweifel schiebt Anselmus beiseite: „Nein, nein, es ist ein lieber Mann im Grunde genommen“ (27.27 f.). Er ist hoch motiviert, am nächsten Morgen um Punkt zwölf Uhr zu ihm zu gehen, auch wenn sich ihm „hundert bronzierte Äpfelweiber“ (27.32) entgegenstellen sollten.

Kontaktaufnahme mit dem Archivarius

Vierte Vigilie

KURZINFO

Der Archivarius entpuppt sich als Vater der drei Schlangen

- Anselmus geht nicht zum Archivarius, sondern zum Holunderbusch.
- Dort gesteht er sich seine Liebe zu einer der Schlangen ein.
- Der Archivarius tritt hinzu und stellt ihn zur Rede.
- Er gibt sich als Vater der drei Schlangen zu erkennen und verspricht Anselmus, dass er seine Tochter Serpentina, die Anselmus sehr gefällt, immer sehen könne, wenn er zu ihm zur Arbeit kommt.

Zu Beginn der vierten Vigilie spricht der Erzähler den Leser direkt an (vgl. 28.5–29.24). Er fordert ihn auf, sich in den Studenten Anselmus hineinzuversetzen und in den übrigen Figuren Menschen aus seinem realen Umfeld zu erkennen, damit ihm die Erzählung nicht nur wunderlich (vgl. 28.34) vorkommt, sondern er merkt, wie nah das Geschehen und die Empfindungen des Protagonisten ihm seien.

Appell des Erzählers an den Leser

Anselmus ist seit der Begegnung mit dem Archivarius träumerisch, sehnsüchtig und „für jede äußere Berührung des gewöhnlichen Lebens unempfindlich“ (29.27 f.). Bei einem Spaziergang kommt er wieder an dem Holunderbusch vorbei, an dem er die wundersamen Erscheinungen zum ersten Mal gesehen hat. Er lässt sich dort nieder und seine Erinnerungen sind so lebhaft, als würde er alles zum zweiten Mal erleben. Er umfasst den Holunderbaum und fleht ihn an, dass sich die goldene Schlange noch einmal zeigen möge. Dabei wird seine Sehnsucht immer stärker, bis er erkennt, dass er die Schlange „so ganz mit voller Seele bis zum Tode lieb[t]“ (30.30 f.) und dass sie eines Tages ihm gehören werde.

Anselmus' Erinnerungen am Holunderbusch

Eingeständnis seiner Liebe zu einer der drei Schlangen

Anselmus spaziert nun jeden Abend zum Holunderbusch und fordert die Schlange dazu auf, sich ihm zu zeigen. Einmal, als er wieder zum Holunderbusch spricht, taucht plötzlich Archivarius Lindhorst auf. Er fragt den Studenten, was er da treibe und warum er nicht, wie abgemacht, zum Verrichten seiner Kopierarbeiten gekommen sei. Anselmus berichtet ihm von dem Ereignis, das sich am Holunderbusch zugetragen hat, und befürchtet, dass der Archivarius ihn „für wahnsinnig“ (31.29) hält. Doch dieser reagiert unvermutet entspannt und erklärt, dass die drei goldgrünen Schlangen seine Töchter seien und dass sich Anselmus „in die blauen Augen der jüngsten, Serpentina genannt, gar sehr verliebt [habe], das ist nun wohl klar“ (32.27 f.) Anselmus will daraufhin etwas sagen, doch der Archivarius zeigt ihm einen funkelnden Stein an seinem Ring, der sogleich anfängt zu strahlen. Die Strahlen bilden einen Kristallspiegel, in dem die drei Schlangen tanzen. Serpentina schaut heraus und spricht Anselmus direkt an: „Kennst du mich denn – glaubst du denn an mich, Anselmus? – nur in dem Glauben ist die Liebe – kannst du denn lieben?“ (33.21 f.) Anselmus schreit noch ihren Namen, als der Archivarius die Erscheinung mit einem Atemhauch auf den Spiegel beendet. Er verspricht dem Studenten, dass er die geliebte Schlange immer sehen darf, wenn er nun endlich zu ihm komme und mit großem Fleiß seine Texte kopiere.

Begegnung mit dem Archivarius, der sich als Vater der drei Schlangen zu erkennen gibt

Anselmus lernt Serpentina kennen

Dann stellt er Anselmus bezüglich der Vorkommnisse mit dem Apfelweib an seiner Haustür zur Rede, und dieser schildert, was ihm dort widerfahren ist. Daraufhin gibt der Archivarius ihm einen Likör, den er dem Apfelweib, wenn es wieder Ärger machen sollte, auf die Nase träufeln soll, damit er ungehindert zu ihm ins Haus kommen kann. Nachdem sie sich voneinander verabschiedet haben, sieht Anselmus den Archivarius davonfliegen. Bevor er nach Hause zurückkehrt, ruft er noch einmal die nicht vorhandene Serpentina an.

Wundersamer Abschied

Fünfte Vigilie

KURZINFO

Veronika nutzt die Kraft der Magie für ihre Liebe

- Es zeigen sich gute Zukunftsaussichten für Anselmus.
- Veronika denkt verliebt über eine gemeinsame Zukunft mit ihm nach.
- Anselmus präsentiert sich selbstbewusst und galant.
- Veronika wird von einem bösen Tagtraum heimgesucht.
- Ihre Freundin Angelika berichtet von einer alten Frau mit Sehergabe.
- Veronika besucht die alte Frau Rauerin.
- Diese rät ihr zunächst von Anselmus ab, schmiedet dann aber mit ihr zusammen einen Plan, wie der Archivarius besiegt und Anselmus zu ihrem Ehemann werden kann.

Konrektor Paulmann und Registrator Heerbrand unterhalten sich über Anselmus. Während sich der Konrektor darüber beschwert, dass Anselmus trotz guten Studiums keine Fortschritte mache, spricht sich der Registrator für Anselmus aus: „das ist ein kurioses Subjekt, aber es steckt viel in ihm“ (36.16). Er berichtet dem Konrektor davon, dass der Archivarius sehr zufrieden mit Anselmus' Arbeit sei und dass er später als „Geheimer Sekretär“ oder „Hofrat“ eingestellt werden könnte.

Rosige Zukunft für Anselmus

Veronika, die Tochter des Konrektors, hat das Gespräch mitangehört. Sie denkt verliebt darüber nach, ob Anselmus ihr wohlgesonnen sei. Sie lässt die Situationen des letzten gemeinsamen Abends Revue passieren und kommt zu dem Schluss: „Ja, ja! er ist mir wirklich gut“ (37.8). Daraufhin gibt sich Veronika einem Tagtraum hin, in dem Anselmus Hofrat ist und sie seine Frau, die sich schöne Dinge kauft, in einer vornehmen Wohngegend lebt und von ihrem Mann teure Geschenke bekommt.

Veronika träumt von einer gemeinsamen Zukunft mit Anselmus

Der Tagtraum wird von ihrem Vater, der vor Schreck das Buch fallen lässt, weil Veronika „Anfälle wie der Anselmus" (38.f.) zeigt, unterbrochen. Plötzlich tritt Anselmus ins Zimmer. Sein Wesen ist verändert, er wirkt selbstbewusst und nicht mehr tollpatschig. Er spricht von seiner Zukunft, die ihm nun ganz positiv erscheint. Dann verschwindet er ebenso plötzlich, wie er gekommen ist, weil er dringend zum Archivarius muss. Veronika kommentiert die Situation so: „Das war ja schon der Hofrat […], und er hat mir die Hand geküsst, ohne dabei auszugleiten oder mir auf den Fuß zu treten, wie sonst!" (38.18–21)

Anselmus als galanter Hofrat?

Gespenstische Erscheinung

Als sie sich wieder ihrem Tagtraum hingeben will, wird dieser ständig von einer „feindseligen Gestalt" (38.24) gestört. Sie macht Veronika mit höhnischen Worten glauben, dass Anselmus sie nicht liebe und niemals ihr Mann werden wird. Veronikas tiefes Entsetzen findet erst ein Ende, als drei Mädchen, die Mademoiselles Osters, zu Besuch kommen. Nachdem Veronika ihnen von der unheimlichen Erscheinung berichtet hat, kommt beim Kaffeetrinken wieder fröhliche Stimmung auf. Dabei erzählt Angelika, die Älteste, dass es im Ort eine alte Frau gebe, die besondere Fähigkeiten als Hellseherin besitzen solle. Sie sei am vorigen Tage bei ihr gewesen, um zu erfahren, wie es ihrem Verlobten, der sich weit weg im Krieg befindet, gehe, ob er noch lebe und wann er wieder heimkomme. Diese habe ihr berichtet, dass der Verlobte eine Verletzung erlitten habe, aber bald nach Hause zurückkehren und zum Rittmeister ernannt werde.

Bericht über eine alte Seherin

Veronika besucht die alte Rauerin

Veronika geht noch am selben Abend zu der alten Frau, um herauszufinden, wie es um die gemeinsame Zukunft von ihr und Anselmus bestellt sei. Die Rauerin hat ein furchterregendes Äußeres: Sie ist hager (vgl. 42.20), hat „schwarze Lumpen" (42.20 f.) an, ein „zahnlose[s] Maul" (42.22 f.), eine „knöcherne[n] Habichtnase" (42.23), „leuchtende Katzenaugen" (42.24), „schwarze borstige Haare" (42.26 f.) und zwei große Brandflecken im Gesicht (vgl. 42.28 f.). Sie wohnt mit mehreren Tieren in einem kleinen roten Haus in einer abgelegenen Straße (vgl. 42.2 ff.). Das Innere wirkt magisch und unheimlich zugleich. Veronika stellt erstaunt und erschrocken fest, dass die alte

Frau ihre Absichten und Gedanken kennt, doch kann sie ihre Fassung bewahren und lässt sich nicht beirren, als die Rauerin ihr von Anselmus abrät. Dieser sei ein „garstiger Mensch“ (44.1), weil er ihre Söhne, die Äpfel, getreten und ihr selbst das Gesicht verätzt habe, als er eine Mischung aus Schwefel und Arsen in das Gesicht des Türklopfers geträufelt hat, um ungehindert das Haus des Archivarius zu betreten. Die Alte warnt Veronika eindrücklich, dass Anselmus sie nicht liebe, weil er in die Fänge des Archivarius geraten sei, dass er vielmehr die grüne Schlange liebe und diese heiraten möchte (vgl. 44.1 ff.).

Als Veronika davoneilen will, fällt die Alte auf die Knie und hält sie jammernd und weinend zurück. Veronika erkennt nun in ihr die alte Liese, die ehemalige Haushälterin ihres Vaters und ihre eigene Kinderfrau, die ihr verspricht, dass sie beide es gemeinsam schaffen werden, ihren Feind, den Archivarius, zu besiegen und Anselmus zu Veronikas Ehemann zu machen. Sie verabreden sich für die künftige Sonnenwendnacht. Veronika ist entschlossen, alles dafür zu tun, dass sie Anselmus heiraten kann: „[…] der Anselmus ist verstrickt in wunderliche Bande, aber ich erlöse ihn daraus und nenne ihn mein immerdar und ewiglich, mein ist und bleibt er, der Hofrat Anselmus.“ (46.10–13)

Plan, den Archivarius zu besiegen und Anselmus an Veronika zu binden

Sechste Vigilie

KURZINFO

Anselmus nimmt seine Arbeit beim Archivarius auf

- Anselmus begründet die wundersamen Erlebnisse vor der Tür des Archivarius mit dem reichlichen Genuss eines Magenlikörs.
- Er macht sich deshalb in nüchternem Zustand auf den Weg.
- Die Liebe zu Serpentina motiviert ihn dazu, die Arbeit beim Archivarius aufzunehmen.
- Er gelangt ungehindert in dessen Haus, das voll wundersamer Dinge steckt, zum Beispiel dem goldenen Topf.
- Der Archivarius macht sich ein Bild von Anselmus’ Können und lässt ihn mit seiner Arbeit beginnen.
- Der erste Arbeitstag verläuft aussichtsreich.

Anselmus macht sich auf den Weg zum Archivarius Lindhorst und beschließt, diesmal nüchtern zu bleiben, weil er vermutet, dass die Erscheinungen des ersten Males etwas mit dem Magenlikör zu tun haben, dem er vorher reichlich zugesprochen hatte. Er steckt den Likör des Archivarius ein, der ihn vor dem Apfelweib bewahren soll. Seine Gedanken sind wieder ganz bei Serpentina und er erkennt, dass er die künftige Arbeit beim Archivarius nur aufnimmt, um Serpentina wiedersehen zu können. Am Eingang beträufelt er den Türknauf mit dem Likör und gelangt ohne Hindernisse in das Haus des Archivarius, in dem es nach „seltene[m] Räucherwerk" (47.27) duftet.

Anselmus gelangt ungehindert in das Haus des Archivarius

Wundersame Hausführung

Der Archivarius empfängt ihn und führt ihn ins Laboratorium. Auf dem Weg dorthin gelangen sie in einen Saal voller Pflanzen. Dort leuchtet ein „magisches blendendes Licht" (48.6) und:

> „Im tiefen Dunkel dicker Zypressenstauden schimmerten Marmorbecken, aus denen sich wunderliche Figuren erhoben, Kristallstrahlen hervorspritzend, die plätschernd niederfielen in leuchtende Lilienkelche; seltsame Stimmen rauschten und säuselten durch den Wald der wunderbaren Gewächse, und herrliche Düfte strömten auf und nieder." (48.11–16)

Anselmus hört Stimmen, die ihn necken, und entdeckt Vögel, die ihn umflattern. Als plötzlich der Feuerlilienbusch, aus dem die Stimmen dringen, auf ihn zukommt, erkennt er darin Achivarius Lindhorst in seinem geblümten Schlafrock. Anselmus lobt den schönen Hausgarten, beschwert sich aber auch darüber, dass die Vögel über ihn spotten. Deshalb ruft der Archivarius in die Büsche hinein, was das denn solle, und es erscheint ein Papagei mit einer Brille auf dem Schnabel.

Die beiden Männer gehen weiter, und nachdem sie viele sonderbare Zimmer durchschritten haben, gelangen sie in einen großen Saal. Dieser wird noch prächtiger als die übrigen Räume beschrieben:

Der goldene Topf in einem prächtigen Saal

> „Aus den azurblauen Wänden traten die goldbronzenen Stämme hoher Palmbäume hervor, welche ihre kolossalen, wie funkelnde Smaragden glänzenden Blätter oben zur Decke wölbten; in der Mitte des Zimmers ruhte auf drei aus dunkler Bronze gegossenen ägyptischen Löwen eine Porphyrplatte, auf welcher ein einfacher goldener Topf stand […]." (49.29–35)

Wie in einem Spiegel sieht Anselmus auf der goldenen Außenseite des Topfes sich selbst neben Serpentina. Das Bild entzückt ihn so, dass er laut den Namen der Schlange ruft. Doch der Archivarius weist ihn darauf hin, dass seine Tochter ihn nicht hören könne, da sie auf der anderen Seite des Hauses Klavierstunde habe. Sie gehen weiter bis in die Bibliothek, die im Gegensatz zu den anderen Räumlichkeiten ganz gewöhnlich ausgestattet ist. Der Archivarius will sich erst einmal von den Künsten des Anselmus überzeugen und sieht sich die mitgebrachten „Zeichnungen und Schreibereien" (50.33 f.) an. Anselmus ist irritiert und verärgert darüber, dass seine Arbeiten dem Archivarius nicht gefallen, und beginnt sich zu rechtfertigen. Da wählt der Archivarius ein Beispiel der mitgebrachten Arbeiten aus und fordert Anselmus auf, selbst ein Urteil zu fällen. Wie „vom Blitz getroffen" (51.17) kommt dem Studenten nun seine eigene Handschrift „höchst miserabel vor" (51.18). Die verwendete Tusche ist nicht haltbar und verschwindet sofort, als der Archivarius mit einem nassen Finger darüber tupft. Anselmus ist die Situation höchst unangenehm, ihm ist, „als schnüre ein Ungetüm ihm die Kehle zusammen – er [kann] kein Wort herausbringen" (51.26–28). Der Archivarius lacht nur darüber, gibt ihm seine Arbeitsproben zurück, holt ein arabisches Manuskript aus einem verschlossenen Schrank, das Anselmus sofort abzuschreiben beginnt, und lässt ihn allein.

Anselmus wird geprüft

Die Arbeit geht Anselmus gut von der Hand, denn „[i]n der Tat schrieb es sich mit den Federn auch ganz herrlich, und die geheimnisvolle Tinte floss rabenschwarz und gefügig auf das blendend weiße Pergament" (52.13–15). Um Punkt drei Uhr ruft der Archivarius ihn zum Mittagessen. Das Essen verläuft vergnügt und endet um Punkt vier Uhr damit, dass Anselmus wieder zu seiner Arbeit zurückkehrt. Das Kopieren des Manuskripts gelingt ihm nun noch besser als vor der Pause, wobei er sich diesen Umstand selbst nicht erklären kann. Da vernimmt er Kristallklänge (vgl. 53.5), die ihm zuwispern: „Ich bin dir nahe – nahe – nahe! – ich helfe dir – sei mutig – sei standhaft, lieber Anselmus! – ich mühe mich mit dir, damit du mein werdest!" (53.5–8) Die Worte ver-

Arbeitsbeginn

Serpentina raunt Anselmus motivierende Worte zu

setzen Anselmus in Entzücken und lassen ihn seinen Arbeitstag ordentlich und vergnügt vollenden.

Um sechs Uhr tritt der Archivarius ins Zimmer und ist von der Abschrift so angetan, dass er den Anselmus mit „unbeschreiblicher Milde" (53.24) anblickt. Dabei verändert sich plötzlich seine Gestalt: Er wird größer, würdevoller, und sein Schlafrock wirkt wie ein Königsmantel. Feierlich erklärt er Anselmus, dass Serpentina ihn liebe und dass er nach der Eheschließung mit ihr den goldenen Topf, Serpentinas Eigentum, als Mitgift erhalte. Danach führt er ihn in den Speiseraum, fordert ihn auf, am nächstenTag wiederzukommen, und verabschiedet sich. Anselmus versteht das Erlebte nicht, doch er weiß, dass er Serpentina liebt und sie nicht aufgeben will.

Lindhorst verspricht Anselmus seine Tochter und ihr Eigentum: den goldenen Topf

Siebente Vigilie

KURZINFO

Veronikas magische Zeremonie

- Veronika trifft sich nachts heimlich mit der alten Liese.
- Es kommt zu einer magischen Zeremonie unter freiem Himmel, an deren Ende Veronika bewusstlos wird.
- Sie wacht zu Hause in ihrem Bett auf und ist im Besitz eines wundersamen Spiegels, über den sie mit Anselmus in Kontakt treten kann.

Heimliches Treffen, um Anselmus mithilfe einer magischen Zeremonie zu befreien

Veronika macht sich nachts heimlich auf den Weg zur alten Liese, da die Tag- und Nachtgleiche am 23. September bevorsteht. Mithilfe magischer Künste will sie Anselmus aus dem Bann der „ihr feindlichen Person" (55.22) befreien, damit sie ihn für sich haben kann. Sie hat nun keine Angst mehr vor dem Unheimlichen, sondern wird mittlerweile regelrecht davon angezogen.

Vorbereitungen zur magischen Zeremonie

Das Wetter ist in dieser Nacht stürmisch und regnerisch. Um elf Uhr kommt Veronika bei der alten Frau an, die mit ihrem Kater und einem Korb bereits auf sie wartet. Die zwei Frauen laufen durch die immer stürmischere und regnerische Nacht, begleitet vom Kater, der „knisternde Funken sprühend und leuchtend vor ihnen herum[springt]" (56.29 f.) und ein „grausiges Zetergeschrei" (56.30) von sich gibt. Als die alte Liese an einer von ihr näher bezeichneten Stelle anhält, beginnt sie ein Feuer für den Kessel zu machen, während der Kater sie dabei umkreist. Veronika muss sich zu der Alten setzen und erhält die Anweisung, in den kochenden Sud zu blicken, dem auch eine Haarlocke und ein Ring Veronikas beigegeben sind. Die alte Liese stößt „grausig gellende Töne" (57.26) aus, und der Kater umrundet unaufhörlich schreiend den Kessel.

Ansprache des Lesers

An dieser Stelle unterbricht der Erzähler die Schilderung der magischen Zeremonie und wendet sich direkt an den Leser. Er fordert ihn auf, sich vorzustellen, er sei selbst an diesem Tag nach Dresden gefahren und würde in dieser Nacht Veronika und der alten Liese begegnen. Der Erzähler beschreibt Veronikas Gesicht als ein „Marmorbild" (58.31), „erstarrt zur Totenbleiche", mit „stiere[m] Blick" und „hinaufgezogenen Augenbrauen". Die alte Liese dagegen rührt lachend in „dem Höllensud [...] und ruft [...] mit krächzender Stimme durch den brausenden tobenden Sturm" (58.35–59.1). Er vergleicht die Szenerie mit Gemälden von Rembrandt und „Höllenbreughel" und erklärt dem Leser, dass sich auch dem Furchtlosesten bei diesem Anblick „die Haare auf dem Kopfe gesträubt hätten" (59.5 f.). Dennoch hätte gewiss der Leser eingegriffen, um das Mädchen zu retten und den Spuk zu beenden. Doch da in jener Nacht weder er, der Leser, noch irgendein anderer Mensch auftauchte und der magischen Zeremonie ein Ende bereitete, musste Veronika „in tödlicher Angst" (59.31) bis zum Ende ausharren.

Die Zeremonie

Hier setzt nun wieder die eigentliche Handlung ein. Der Sud ist fertig zubereitet, und die Alte fordert Veronika auf, bis auf den Grund zu schauen. Aus dem Kessel blickt ihr Anselmus freundlich entgegen und reicht ihr die Hand. Veronika ruft seinen Namen, und die alte Liese öffnet einen Hahn am Kessel, so dass sich sogleich flüssiges Metall in eine kleine, daneben gestellte Form ergießt. Die Zeremonie nimmt ein jähes Ende, als plötzlich ein Adler auf die Alte herabstößt. Sie stürzt heulend zu Boden, und Veronika verliert das Bewusstsein.

Wundersame Folgen

Als sie wieder aufwacht, ist es mitten am Tag und sie liegt fiebernd und stöhnend zu Hause in ihrem Bett. Die

Schwester steht besorgt neben ihr, und der ebenso besorgte Vater hat einen Arzt kommen lassen. Veronika geht erst einmal von einem bösen Traum aus, doch als die Schwester ihr den nassen Mantel zeigt, weiß sie, dass alles doch kein Traum gewesen ist und sie tatsächlich in der Nacht draußen mit der alten Liese unterwegs war. Sie versteckt sich unter ihrer Bettdecke und entdeckt einen medaillonartigen Gegenstand auf ihrer Brust. Als ihre Schwester das Zimmer verlässt, sieht Veronika sich den Gegenstand genauer an und spürt plötzlich „ein unbeschreibliches Gefühl von Behaglichkeit und Wohlsein“ (61.29f.). Es ist ein kleiner Spiegel, aus dem Anselmus sie anblickt, wenn sie an ihn denkt. Sie sieht ihn während seiner Arbeit beim Archivarius, und plötzlich spricht er zu ihr und fragt, warum sie sich denn von Zeit zu Zeit in eine kleine Schlange verwandeln würde. Veronika muss über diese Frage sehr lachen, wird aber unterbrochen, als ihr Vater und der Arzt eintreten, und versteckt den kleinen Spiegel schnell. Doktor Eckstein fühlt ihren Puls, sagt zweimal „Ei! Ei!“, notiert ein Rezept und verlässt sie wieder, so dass Konrektor Paulmann nicht weiß, was seiner Tochter eigentlich fehlt.

Der kleine Metallspiegel

Achte Vigilie

KURZINFO

Anselmus' glückliches neues Leben

- Anselmus ist glücklich über sein neues Leben beim Archivarius.
- Dieser lässt ihn besondere Abschriften im azurblauen Zimmer anfertigen.
- Serpentina erscheint und erklärt Anselmus, was es mit ihr, dem Archivarius und dem goldenen Topf auf sich hat.
- Nach dieser Begegnung erwacht Anselmus wie aus einem Traum. Es ist bereits Abend, doch die Abschrift ist trotzdem fertig.
- Der Archivarius und Anselmus begeben sich mit Registrator Heerbrand zum Linke'schen Bade, einem Ausflugsort und Gartenlokal außerhalb von Dresden.

Glückliche Tage beim Archivarius

Anselmus arbeitet bereits seit mehreren Tagen beim Archivarius und ist sehr glücklich. Er empfindet „Behaglichkeit“ und „Wonne“ (63.4), da er während seiner Arbeit stets von Serpentinas „lieblichen Klängen“ (63.1) umgeben ist. Er bezeichnet sein Leben seit dem Beginn der Arbeit als ein neues, in dem er nun „alle Wunder einer höheren Welt, die ihn sonst mit Staunen, ja mit Grausen erfüllt hatten“ (63.8 f.), begreift.

Der Archivarius weist Anselmus einen neuen Arbeitsplatz zu

Auch die Arbeit gelingt ihm gut. Die Arbeitstage haben alle den gleichen Ablauf, doch eines Tages findet Anselmus die Tür zu seinem Arbeitszimmer verschlossen. Der Archivarius erscheint und führt ihn wieder durch den Garten und die prachtvollen Säle wie beim ersten Mal. Als sie erneut in das azurblaue Zimmer gelangen, ist jedoch der Porphyr mit dem goldenen Topf verschwunden, an seiner Stelle befinden sich nun ein mit violettem Samt behangener Tisch und Lehnstuhl. An diesem Ort soll Anselmus künftig arbeiten und Werke abschreiben, die der Archivarius hier aufbewahrt. Zuvor schärft er ihm ein:

Eindringliche Warnung vor Unachtsamkeit

> „aber ich muss Ihnen die größte Vorsicht und Aufmerksamkeit empfehlen; ein falscher Strich […], ein Tintenfleck auf das Original gespritzt, stürzt Sie ins Unglück.“ (64.30–35)

Eine schwierige neue Aufgabe

Aus einer der Palmen ringsum greift der Archivarius ein Blatt, das sich bei näherem Hinsehen als Pergamentrolle erweist. Diese entrollt er und legt sie Anselmus auf den Tisch. Auf dem Pergament befinden sich seltsam verschlungene Zeichen, viele Pünktchen, Striche, Züge und Schnörkel, die bald Pflanzen, bald Moose, bald Tiergestalten darzustellen scheinen (vgl. 65.5–8).

Beim Anblick des Pergaments verlässt Anselmus der Mut, dass er die Kopie des sonderbaren Schriftstücks bewerkstelligen werde. Doch der Archivarius ermutigt ihn und erscheint ihm wieder in der königlichen Gestalt wie schon beim ersten Besuch. Er steigt am Stamm einer Palme in die Höhe und verschwindet in der Blätterkrone. Anselmus wundert sich mittlerweile nicht mehr über solch seltsames Verhalten, sondern begreift, „dass der Geisterfürst mit ihm gesprochen und nun in sein Studierzimmer hinaufgestiegen“ (65.21 f.) ist.

Er geht nun guten Mutes an die Arbeit, umgeben vom Rauschen der Palmblätter und den bereits bekannten Kristallklängen. Er beginnt die Überschrift zu entziffern:

> „und bald fühlte er wie aus dem Innersten heraus, dass die Zeichen nichts anderes bedeuten könnten, als die Worte:

> Von der Vermählung des Salamanders mit der grünen Schlange." (66,5–8)

Serpentina erscheint

Nachdem er die Worte entziffert hat, windet sich die goldgrüne Schlange aus der Palme herab und nimmt die Gestalt eines schönen Mädchens an. Serpentina ist es, die sich nun zu Anselmus setzt. Sie drückt ihn an sich und sagt ihm, dass er bald ihr gehöre und sie ihm dann den goldenen Topf bringe, der ihnen beiden Glück bis zum Lebensende bescheren werde. Während dieser Begegnung halten sich beide eng umschlungen, und Anselmus bemerkt, dass sich Serpentinas Gewand ganz glatt und „schlüpfrig" anfühlt, als könne sie ihm augenblicklich entschlüpfen. Als ihm das bewusst wird, ruft er: „Ach, verlass mich nicht, holde Serpentina […], nur du bist mein Leben!" (67,22–24) Doch sie wehrt ab und erklärt ihm anschließend die Gründe dafür.

Serpentina erläutert ihre Herkunft

Geschichte des Salamanders

Serpentina berichtet, dass ihr Vater, der Archivarius, vom Geschlecht der Salamander abstamme. Einst ging er in Atlantis durch einen Garten und erblickte in einer Lilie eine grüne Schlange, die Tochter der Lilie. Er verliebte sich sogleich in sie und nahm sie deshalb an sich. Er ging mit ihr in das Schloss des Geisterfürsten Phosphorus und verlangte die Vermählung mit der Schlange. Der Geisterfürst verneinte und warnte den Salamander, da sich durch die Umarmung ein neues Wesen aus ihm entwickeln würde. Der Salamander missachtete die Warnung und die Schlange zerfiel zu Asche, „und ein geflügeltes Wesen aus der Asche geboren rauschte fort durch die Lüfte" (68.23 f.). In völliger Verzweiflung verbrannte der Salamander sämtliche Pflanzen im Garten. Für diese Tat verbannte Phosphorus den Salamander zu den Erdgeistern, bis sich sein „Feuerstoff" (69,21) wieder neu entzünden würde. Dann würde er jedoch als Mensch auf der Erde leben und die „Bedrängnisse" des Erdenlebens ertragen müssen. In einem Lilienbusch wird er die grüne Schlange wiederfinden, sich mit ihr vermählen und drei Töchter bekommen.

> „Findet sich dann […] ein Jüngling, der ihren Gesang [im Holunderbusch] vernimmt, ja, blickt ihn eine der Schlänglein mit ihren holdseligen Augen an, entzündet der Blick in ihm die

> Ahnung des fernen wundervollen Landes, zu dem er sich mutig emporschwingen kann […].“ (69.33–70.2)

Zuvor schenkte der Erdgeist jeder der drei Töchter einen goldenen Topf, in dem sich Atlantis spiegeln und nach der Vermählung eine Feuerlilie sprießen soll. Der gefundene Gemahl solle dann mit der Geliebten in Atlantis leben, in jenem wundervollen Reich, das „im Einklang mit der ganzen Natur besteht“ (70.16).

Serpentina warnt vor bösen Mächten

Mit dieser Erläuterung verdeutlicht Serpentina zum einen die schöne Zukunft, die ihnen beiden bevorsteht („Die schöne Lilie wird emporblühen aus dem goldnen Topf und wir werden vereint glücklich und selig in Atlantis wohnen!“, 71.4–6), zum anderen warnt sie vor „feindliche[n] Geistern“ (71.12), die in Gestalt des alten Weibes auftreten und den goldenen Topf an sich reißen wollen. Sie fordert Anselmus dazu auf, ihr treu zu bleiben und den bösen Mächten Widerstand zu leisten.

Gemeinsamer Herrenabend im Linke'schen Bade

Die Erläuterungen enden mit einem Kuss, woraufhin Anselmus wie aus einem Traum erwacht und schuldbewusst bemerkt, dass es bereits sechs Uhr ist und er seine Arbeit völlig vernachlässigt hat. Doch als er auf das Manuskript blickt, ist dieses vollständig abgeschrieben. Noch bevor der Archivarius eintritt, entdeckt Anselmus, dass er genau die von Serpentina berichtete Geschichte abgeschrieben hat. Der Archivarius ist sehr zufrieden mit der Abschrift und sie gehen gemeinsam zum Linke'schen Bade. Auf dem Weg dahin begegnen sie Registrator Heerbrand. Die Herren wollen sich eine Pfeife anzünden, doch ihnen fehlt ein Feuerzeug. Der Archivarius schnippt mit den Fingern, aus denen daraufhin Funken strömen, mit denen er die Pfeifen anzündet. Registrator Heerbrand hält das für ein „chemische[s] Kunststückchen“ (72.29 f.), doch Anselmus fällt sofort der Salamander ein. In der Gaststätte trinkt der Registrator so viel „starkes Doppelbier“, dass Anselmus ihn später nach Hause bringen muss.

Neunte Vigilie

KURZINFO

Anselmus zwischen Realität und Traum

- Anselmus lebt nur noch für die Arbeit beim Archivarius, doch Veronika drängt sich wieder in seine Gedanken und Vorstellungen.
- Bei einem Besuch im Haus des Konrektors Paulmann kommen sich Veronika und Anselmus näher; er verspricht ihr, sie zu heiraten.
- Nach dem Genuss von Punsch kehren die Erinnerungen an den Archivarius und die wundersamen Erlebnisse wieder zurück.
- Der Punsch scheint alle, die davon trinken, völlig wirr zu machen.
- Anselmus flieht nach Hause und kann sich die Wirkungen des Punsches am nächsten Morgen nicht erklären.
- Bei der Arbeit will die Tinte nicht so recht fließen, er spritzt daher die Feder aus, und es fällt ein Tintenklecks auf das ausgebreitete Original.
- Zur Strafe wird Anselmus in eine Flasche eingesperrt.

Inzwischen ist Anselmus das gewöhnliche Leben außerhalb seiner Arbeit beim Archivarius fremd geworden. Er trifft sich nicht mehr mit seinen Freunden und wartet nur noch sehnsüchtig auf den Beginn seiner Arbeitszeit. Dennoch stellt er fest, dass er ab und zu an Veronika denken muss. Ihm ist es dann, als würde sie zu ihm treten, ihm errötend ihre Liebe gestehen und sagen, dass sie versuche, ihn den Fängen der Phantome, „von denen er nur geneckt und verhöhnt werde, zu entreißen“ (73.20 f.). Sie führt ihm vor Augen, dass nur sie die einzig wahre Liebe für ihn sei und die phantastische Welt, der er sich hingibt, sein Verderben bedeuten werde.

Während der Arbeit erscheint Veronika Anselmus im Traum

Bei einem Morgenspaziergang wird Anselmus von einer „geheime[n] magische[n] Gewalt“ (74.8) in die Nähe des Hauses von Konrektor Paulmann getrieben. Dieser sieht ihn zufällig und beschwert sich bei ihm darüber, dass er sich gar nicht mehr sehen lasse. Veronika würde gerne wieder mal ein Lied mit ihm gemeinsam singen. Notgedrungen begleitet Anselmus den Konrektor nach Hause. Dort begegnet er Veronika, die sich besonders hübsch gemacht hat, als hätte sie Besuch erwartet. Als Anselmus sie mit einem Handkuss begrüßt, überkommt ihn ein Gefühl wie ein „Glutstrom“ (74.24).

Anselmus begegnet Veronika tatsächlich

Mit ihrer Fröhlichkeit und ihrem Charme gelingt es Veronika, Anselmus in ihren Bann zu ziehen. Sie necken einander, wobei ein Missgeschick passiert: Anselmus stößt gegen den Tisch, auf dem sich Veronikas Nähkästchen befindet, es fällt herunter und der Deckel öffnet sich. Anselmus hebt es auf, entdeckt in dem geöffneten Nähkästchen einen kleinen runden Metallspiegel und betrachtet ihn genauer. Veronika schleicht sich hinter ihn und blickt, dicht an ihn geschmiegt, über seine Schulter hinweg auch in den Spiegel. In diesem Moment erkennt Anselmus, dass er stets an Veronika gedacht hat und sie liebt und dass die Gestalt, die ihm am Tag zuvor in dem blauen Zimmer des Archivarius erschienen ist, nur Veronika gewesen sein kann. Er wundert sich daraufhin über sich selbst:

Anselmus erkennt seine Liebe zu Veronika und wundert sich über sich selbst und seine Träumereien

> „Er musste herzlich über die tolle Einbildung lachen, in eine kleine Schlange verliebt zu sein und einen wohlbestallten geheimen Archivarius für einen Salamander zu halten." (75,18–21)

Konrektor Paulmann lädt Anselmus zum Essen ein, und da es bereits halb eins ist und somit zu spät für die Arbeit beim Archivarius, bleibt er bei Veronika und ihrem Vater. Später kommt Registrator Heerbrand hinzu, und sie verleben einen angenehmen Tag miteinander.

Abends verkündet der Registrator, dass er etwas Besonderes bei sich habe, nämlich Zutaten für einen speziellen Punsch, den Veronika sogleich zubereitet und serviert. Das Getränk steigt Anselmus zu Kopfe, und er erinnert sich wieder an all seine Erlebnisse beim Archivarius. Er gerät erneut in einen Traumzustand und bekommt nicht mit, dass die Herren das Gespräch auf den Archivarius Lindhorst gebracht haben. Sie halten diesen für einen „wunderliche[n] alte[n] Mann, aus dem niemand klug wird" (77.8 f.), und stoßen auf ihn an. Als Anselmus den Namen Lindhorsts hört, greift er erklärend ein und berichtet, dass der Archivarius ein Salamander sei. Während der Konrektor Paulmann darauf verärgert reagiert, stimmt Registrator Heerbrand Anselmus zu. Also weiß auch er über den Salamander und die goldgrünen Schlangen Bescheid. Als die alte Liese und ihr Kater als feindliche Kreaturen bezeichnet werden, schreitet Veronika ein.

Anselmus glaubt im Rausch wieder an den Salamander

Die Situation gerät außer Kontrolle

Die Situation nimmt immer wahnhaftere Züge an. Konrektor Paulmann, der zuvor noch alle Anwesenden für verrückt erklärt hat, wird nun selbst ganz wirr, reißt sich die Perücke vom Kopf und schleudert sie an die Decke. Anselmus und der Registrator werfen daraufhin die Punschterrine und ihre Gläser an die Decke. Die Männer jubeln und rufen „Vivat Salamander", „zerbrecht den Metallspiegel, hackt dem Kater die Augen aus" (78.35 ff.). Während Fränzchen, die jüngere Tochter des Konrektors, weinend davonrennt, liegt Veronika „winselnd vor Jammer und Schmerz auf dem Sofa" (79.4 f.). Die groteske Szene wird jäh unterbrochen, als ein Männlein ins Zimmer tritt und Anselmus davon in Kenntnis setzt, dass der Archivarius ihn heute bei der Arbeit vermisst habe und dass er morgen pünktlich in dessen Haus erscheinen solle. Als die seltsame Gestalt wieder das Zimmer verlässt, sehen die Herren, dass das Männlein eigentlich ein grauer Papagei ist, und brechen in schallendes Gelächter aus. Nur Anselmus ist entsetzt und stürzt davon. Bevor er zu Hause in den Schlaf findet, begegnet ihm nochmals die Traumgestalt Veronikas, die ihn vor neuen „Einbildungen" (79.30) warnt, ihm einen Kuss auf die Lippen haucht und dann verschwindet.

Ein Papagei erscheint und Anselmus stürzt entsetzt davon

Anselmus denkt über ein bürgerliches Leben nach

Als Anselmus am nächsten Morgen aufwacht, muss er über die Wirkung des Punsches lachen und bestärkt sich darin, Veronika zu heiraten, sobald er Hofrat geworden ist. Als er mittags beim Archivarius eintrifft, erscheinen ihm dessen Garten und Haus völlig entzaubert. Anselmus betrachtet alles nüchtern und erkennt nun ganz gewöhnliche Pflanzen und Vögel, und auch das blaue Zimmer kommt ihm nun völlig verändert vor. Er begreift nicht, wie ihm das alles gefallen konnte. Nur der Archivarius berichtet wieder Wundersames. Er behauptet, dass er am Tag zuvor selbst beim Konrektor anwesend gewesen sei und sich in der Punschterrine und im Pfeifenkopf des Registrators versteckt gehalten hätte. Er ist bereit, Anselmus den versäumten Tag zu bezahlen, und fordert ihn dazu auf, nun seiner Arbeit nachzugehen.

Anselmus setzt sich hin und sieht auf dem zu kopierenden Manuskript nichts als verwirrende Zeichen und

Schnörkel. Er will trotzdem mit der Arbeit beginnen, doch da die Tinte nicht richtig fließen will, schüttelt er die Feder, und ein großer Tintenklecks fällt auf das Original vor ihm. Es blitzt, Dampf und Feuer breiten sich im Zimmer aus, die Stämme der Palmen werden zu Riesenschlangen, die Anselmus umwinden, und der gekrönte Salamander spricht eine Strafe über ihn aus. Anselmus wird ohnmächtig und kommt erst in einer Kristallflasche wieder zu sich, die auf einem Büchergestell im Bibliothekszimmer des Archivarius Lindhorst steht.

Anselmus macht einen Tintenklecks auf das zu kopierende Manuskript und wird zur Strafe in eine Flasche gesperrt

Zehnte Vigilie

KURZINFO

Anselmus in Gefangenschaft

- Anselmus leidet große Qualen in der Flasche.
- Er entdeckt fünf weitere Flaschen, in denen Gefangene stecken.
- Das „Äpfelweib" will den goldenen Topf rauben und Serpentina töten.
- Der Archivarius und sein Papagei kämpfen erfolgreich gegen die Alte und ihren Kater.
- Anselmus wird wieder freigelassen.

Zu Beginn der zehnten Vigilie spricht der Erzähler erneut den Leser direkt an und fordert ihn auf, sich in die missliche Lage des in der Flasche eingesperrten Anselmus zu versetzen. Er schildert nicht nur dessen Sicht auf die Außenwelt, sondern auch das körperliche Befinden des Eingesperrten: „deine Pulsadern schwellen auf, und von grässlicher Angst durchschnitten zuckt jeder Nerv im Todeskampfe blutend" (83.1–3). Nach dieser Leseransprache setzt sich die Handlung fort.

Anselmus' Qualen in der Flasche

Anselmus leidet sehr. Als er es nicht mehr aushält, ruft er nach Serpentina, woraufhin sich die Situation schlagartig verbessert und er freier atmen kann. Er macht sich große Vorwürfe, weil er an Serpentina und der Verbindung mit ihr gezweifelt hat. Sein Wehklagen wird plötzlich von einer Stimme kommentiert, die ihr Unverständnis über sein Gejammere ausdrückt. Da erst bemerkt Anselmus, dass er sich nicht alleine auf dem Regal befindet, sondern noch fünf weitere Flaschen neben ihm stehen, in denen drei Kreuzschüler (Schüler der

Er begegnet Leidensgenossen

Kreuzschule in Dresden) und zwei Praktikanten eingesperrt sind.

Im Gegensatz zu Anselmus sind diese aber sehr vergnügt, was ihn sehr stutzig macht. Deshalb spricht er sie darauf an. Sie geben ihm zu verstehen, dass es ihnen dank der guten Bezahlung des Archivarius sehr gut geht und sie das Leben genießen. Als Anselmus auf ihre Gefangenschaft in den Flaschen hinweist, lachen sie ihn aus und behaupten, dass er sich sein Eingesperrtsein in der Flasche nur einbilde und sich mit ihnen auf der Elbebrücke befände und ins Wasser blicke. Anselmus denkt betrübt:

Die „Leidensgenossen" lachen Anselmus aus

> „[...] sie wissen nicht was Freiheit und Leben in Glauben und Liebe ist, deshalb spüren sie nicht den Druck des Gefängnisses, in das sie der Salamander bannte, ihrer Torheit, ihres gemeinen Sinnes wegen, aber ich Unglücklicher werde vergehen in Schmach und Elend, wenn sie [gemeint ist Serpentina], die ich so unaussprechlich liebe, mich nicht rettet." (84,34-85.4)

Serpentinas Stimme verschafft Anselmus Erleichterung

Plötzlich vernimmt er die Stimme Serpentinas, die ihn dazu auffordert, durchzuhalten und zu glauben, zu lieben und zu hoffen. Das gläserne Gefängnis dehnt sich daraufhin aus, so dass sich Anselmus' Qual verringert. Da er nun einen Liebesbeweis erhalten hat, wird sein Aufenthalt in der Flasche erträglicher. Von einer alten Kaffeekanne, die ihm gegenüber auf einem Schrank steht, dringt Gemurmel zu ihm herüber, und als Anselmus genauer hinschaut, verwandelt sich die Kanne in das „Äpfelweib" vom Schwarzen Tor, das ihn boshaft auslacht und seine Verwünschung wiederholt: „Ins Kristall nun dein Fall! – hab ich dir's nicht längst vorausgesagt?" (85.25 f.)

Das „Äpfelweib" taucht wieder auf

Mithilfe einer Ratte, die das Regalbrett, auf dem sich Anselmus befindet, durchnagen soll, will die Alte Anselmus retten, damit er Hofrat werden und Veronika heiraten kann. Doch Anselmus widersetzt sich ihrem Vorhaben, er will nichts mehr von Veronika wissen und bekennt sich zu Serpentina. Die Alte entfernt sich nach allerlei Hexenwerk, entwendet den goldenen Topf aus dem blauen Zimmer und fordert ihren Kater dazu auf, die darin befindliche grüne Schlange zu töten. Doch der Archivarius kommt rechtzeitig zur Hilfe. Während sein Papagei den Kater der Alten mit seinem krummen Schnabel im Genick packt, trägt der Archivarius einen verzweifelten Kampf mit der Alten aus, der mit ihrem Feuertod endet. Nachdem ihr Jammergeschrei verhallt und der Qualm abgezogen ist, bleibt von ihr nur noch eine „garstige Runkelrübe" (88.24) übrig, die der Papagei in den Schnabel nimmt und damit aus dem offenen Fenster hinausflattert. Der Archivarius ergreift den goldenen Topf, nimmt wieder „die majestätische Gestalt des Geisterfürsten" an, lobt Anselmus' Treue und lässt das Glas, in dem Anselmus gefangen ist, zerspringen. Endlich stürzt er „in die Arme der holden lieblichen Serpentina" (89.18).

Kampf zwischen der Alten und dem Archivarius

Der Archivarius bringt wieder den goldenen Topf an sich und lässt Anselmus frei

Elfte Vigilie

KURZINFO

Veronika wird die Frau des Hofrates Heerbrand

- Konrektor Paulmann und Registrator Heerbrand analysieren den vorangegangenen Abend.
- Sie sind verärgert über Anselmus' Verhalten.
- Veronika zieht sich verstört zurück und trauert.
- Nach mehreren Monaten ist der Registrator Hofrat geworden und hält um Veronikas Hand an.
- Veronika nimmt den Antrag an, gesteht aber zuvor die ganze Geschichte mit Anselmus und der alten Liese.
- Es kommt zur Verlobung und Hochzeit.

Am Morgen nach dem wahnwitzigen Abend bei Konrektor Paulmann sehen sich dieser und der Registrator Heerbrand, der bei Paulmann übernachtet hat, das verwüstete Zimmer an. Die Scherben liegen noch überall auf dem Boden verteilt und die Perücke schwimmt in einer Punschlache. Die beiden unterhalten sich darüber, wie es überhaupt zu so viel Besessenheit kommen konnte. Sie geben Anselmus die Schuld, indem sie ihn für wahnsinnig erklären, und begründen ihr eigenes Verhalten damit, dass dieser Wahnsinn sie angesteckt haben muss. Aufgrund des Abstands zum Geschehen sehen sie nun alles klarer und ihnen fällt ein, dass der gestern in das Zimmer eingetretene Herr wohl kein Pa-

Der Tag nach dem verrückten Punschabend

pagei, sondern der Assistent des Archivarius Lindhorst gewesen ist. Der Registrator gibt zu, dass er noch die ganze Nacht über benommen gewesen und es ihm auch jetzt am Morgen noch nicht wohl sei. Der Konrektor versucht ihn zu beruhigen und erklärt die lauten Geräusche, die der Registrator in der Nacht gehört haben will, mit seinem starken Schnarchen. Es gelingt ihm jedoch nicht, den Registrator vollständig zu beschwichtigen. Dieser ruft unverständliche Sätze aus, meint, dass Anselmus ihm alles verdorben habe (vgl. 90.33), und verlässt dann das Haus.

Anselmus wird für wahnsinnig erklärt

Der Konrektor fasst nach diesen Ereignissen den Entschluss, dass Anselmus sein Haus nicht mehr betreten dürfe, da er „mit seinem verstockten innern Wahnsinn die besten Leute um ihr bisschen Vernunft bringt“ (91.5 f.). Veronika zieht sich zurück und will allein sein. Als ihr Vater laut über Anselmus schimpft, fängt sie zu weinen an und sagt, dass er sich eingesperrt in der Flasche befände. Da dem Konrektor diese unsinnigen Worte als Folge einer Nervenkrankheit vorkommen, geht er mit seiner Tochter sofort zum Arzt. Doktor Eckstein sieht die Sache nicht so ernst und verordnet lediglich Spaziergänge und Zerstreuung.

Registrator Heerbrand ist Hofrat geworden

Es folgt nun ein Zeitsprung. Im Laufe mehrerer Monate lassen sich Anselmus und Registrator Heerbrand nicht mehr beim Konrektor blicken. Am 4. Februar schließlich besucht der Registrator fein gekleidet seinen Freund Paulmann, um ihm mitzuteilen, dass er mittlerweile Hofrat geworden sei und ihn um die Hand seiner Tochter Veronika bitte. Die Beförderung habe er bereits an jenem sonderbaren Abend feierlich verkünden wollen, doch erst jetzt trage er die Beurkundung in der Tasche. Konrektor Paulmann ist zwar überrascht, gestattet ihm aber seine Tochter zu heiraten.

Der Hofrat macht Veronika einen Heiratsantrag

Als Veronika das Zimmer betritt, überreicht ihr der Hofrat einen Blumenstrauß und ein Geschenk. Veronika packt ein Paar Ohrringe aus und ruft erfreut: „Ei, mein Gott! Das sind ja dieselben Ohrgehänge, die ich schon vor mehreren Wochen trug und mich daran ergötzte!“ (93.8 f.) Die Reaktion verwundert den Hofrat zwar, aber er kommt nicht weiter zu Wort. Während Veronika vor dem Spiegel den neuen Schmuck anlegt und bewundert, eröffnet ihr der Vater das Anliegen seines Freundes. Veronika nimmt den Antrag an, es ist ihr aber noch sehr wichtig, den Herren etwas zu berichten, das ihr „recht schwer in Sinn und Gedanken liegt“ (93.25).

Veronika erzählt die gesamte Geschichte von ihr und Anselmus

Sie offenbart den beiden ihre Liebe zu Anselmus und dass sie ihn unbedingt zum Ehemann hätte haben wollen, sobald er Hofrat geworden wäre. Sie gesteht auch ihr damaliges Gefühl, dass ihr ein „fremde[s] feindliche[s] Wesen“ (93.36) Anselmus entreißen wollte und sie sich deshalb an die alte Liese wendete. Dann berichtet sie von der wundersamen Nacht, von dem Metallspiegel und dass dieser zerbrochen sei, nachdem der Salamander die alte Liese besiegt hatte. Sie gönne dem Anselmus sein Glück mit der grünen Schlange. Außerdem beteuert sie, dass ihr das alles sehr leid tue und sie den Satanskünsten abgeschworen habe. Sie überreicht Hofrat Heerbrand den zerbrochenen Spiegel und eine Haarlocke aus dem Nähkästchen mit folgendem Auftrag:

Sie schwört der Magie ab

> „Hier nehmen Sie, geliebter Hofrat, die Stücke des Spiegels, werfen Sie sie heute Nacht um zwölf Uhr von der Elbbrücke, und zwar von da, wo das Kreuz steht, hinab in den Strom, der dort nicht zugefroren, die Locke aber bewahren Sie auf treuer Brust.“ (94.19–23)

Gegensätzliche Reaktionen

Während der Konrektor über diese Worte seiner Tochter entsetzt ist und sie als Wahnsinnige verloren glaubt (vgl. 94.28 ff.), reagiert Hofrat Heerbrand gelassen und nimmt Veronika vor ihrem Vater in Schutz. Er erklärt sich die ganzen Umstände sehr nüchtern und pragmatisch, erkennt in der alten Liese die alte Rauerin, findet die Motivation für das Vorgehen Veronikas zwar überspannt, gesteht ihr aber trotzdem den Glauben an geheime Künste zu, nennt die Sache mit dem Salamander eine Allegorie (vgl. 94.34) und bestätigt, dass Anselmus von geheimen Mächten „befangen“ sei, die ihn zu allen möglichen Streichen trieben. Konrektor Paulmann hingegen kann kein Verständnis aufbringen, weder für die Ausführungen seiner Tochter noch für die gelassene Reaktion des Hofrats. Er beschleunigt jedoch die Verlobung, weil er vermutet, dass die Liebe die beiden zu

Veronika heiratet den Hofrat

solch seltsamen Aussagen bewegt. Wenige Wochen später ist die Trauung vollzogen und Veronika ist tatsächlich die Frau eines Hofrates geworden, so wie sie es sich immer gewünscht hat.

Zwölfte Vigilie

KURZINFO

Anselmus in Atlantis

- Dem Erzähler fällt es schwer, sein Werk zu vollenden.
- Der Archivarius lädt ihn zu diesem Zweck zu sich in das blaue Palmzimmer ein.
- Der Erzähler hat eine Vision vom glücklichen Anselmus und seiner Serpentina in Atlantis.
- Mit dieser Vision lässt er das Märchen enden.

Problem des Erzählers, seine Geschichte zu beenden

Zu Beginn der letzten Vigilie wendet sich der Erzähler wieder direkt an den Leser. Er erläutert, wie schwer es ihm fällt, die Erzählung zu beenden, da er sich von tückischen Geistern verfolgt fühlt (vgl. 96.24 ff.). Eines Tages erhält er ganz unerwartet einen Brief von Archivarius Lindhorst, der ihn darüber in Kenntnis setzt, dass Anselmus mit Serpentina auf das Rittergut des Archivarius in Atlantis gezogen ist. Lindhorst bietet dem Erzähler Hilfe bei der Vollendung seines Werks an und lädt ihn zu diesem Zweck in sein „blaue[s] Palmbaumzimmer" (97.27) ein. Aus der Aufforderung „[...] steigen Sie Ihre verdammten fünf Treppen hinunter, verlassen Sie Ihr Stübchen und kommen Sie zu mir" (97.25–27) lässt sich schließen, dass der Erzähler im selben Haus wie der Archivarius wohnt.

Das Hilfeangebot des Archivarius und die Geschehnisse im blauen Zimmer

Der Erzähler nimmt das Angebot an und schleicht um elf Uhr nachts zum Archivarius, der ihn bereits auf dem Flur erwartet. Er führt ihn durch den Garten in das „azurblaue Zimmer" mit dem „violetten Schreibtisch" (98.29 f.), geht hinaus und erscheint „aber gleich wieder mit einem schönen goldnen Pokal in der Hand" (98.31 f.). Dieser enthält angezündeten Arrak mit Zucker, doch bevor der Erzähler daran nippen kann, wirft der Archivarius seinen Schlafrock ab, steigt in den Pokal und verschwindet in den Flammen. Da verändert sich plötzlich der Raum ringsum, und der Erzähler erblickt Anselmus in einem Hain voll duftender Blüten, die gemeinsam mit dem Chor der Vögel Anselmus zu sich locken. Dieser schaut jedoch sehnsuchtsvoll zu einem Tempel in der Ferne und geht langsam darauf zu. Als er dort ankommt, tritt Serpentina heraus. Sie trägt den goldenen Topf, aus dem eine Lilie wächst. Während Anselmus seine Geliebte umschlingt, feiert die gesamte Natur mit den beiden das Fest ihrer Liebe. Die letzten Worte, die der Erzähler zu hören vermag, lauten:

Anselmus in Atlantis

> „Serpentina! – der Glaube an dich, die Liebe hat mir das Innerste der Natur erschlossen! – Du brachtest mir die Lilie, die aus dem Golde, aus der Urkraft der Erde […] entspross – sie ist die Erkenntnis des heiligen Einklangs aller Wesen, und in dieser Erkenntnis lebe ich in höchster Seligkeit immerdar. – Ja, […] ich muss dich lieben ewiglich, o Serpentina! – nimmer verbleichen die goldnen Strahlen der Lilie, denn wie Glaube und Liebe ist ewig die Erkenntnis." (101.5–15)

Als er dann auf das Papier blickt, das vor ihm auf dem violetten Tisch liegt, findet er seine Vision fertig aufgeschrieben vor. Ihn überkommt Traurigkeit, weil er nicht wie Anselmus den „Armseligkeiten des bedürftigen Lebens" (101,30) entfliehen kann. Da klopft ihm der Archivarius auf die Schulter und gibt ihm zu verstehen, dass er als Erzähler an einer anderen Wirklichkeit jenseits des bedürftigen Lebens teilhat: „Ist denn überhaupt des Anselmus Seligkeit etwas anderes als das Leben in der Poesie, der sich der heilige Einklang aller Wesen als tiefstes Geheimnis der Natur offenbaret?" (102.3–6) Mit dieser Frage endet die Erzählung.

Das Ende des Märchens ist geschrieben

2 Analyse und Interpretation

Aufbau und Struktur der Handlung

Der Aufbau

KURZINFO

Die Handlungsabschnitte

- Das Märchen ist in zwölf Kapitel, Vigilien („Nachtwachen") genannt, unterteilt.
- Jedes Kapitel hat zu Beginn eine kurze Inhaltsangabe, die die wichtigsten Ereignisse stichwortartig zusammenfasst.
- Reale und mystische Handlungsstränge wechseln sich ab, bis sie schließlich immer mehr ineinander übergehen.
- So entsteht das Bild von zwei Realitäten, die sich überschneiden und einander ergänzen.

Kapiteleinteilung

Hoffmanns Märchen ist in zwölf Vigilien eingeteilt. Der Begriff „Vigilie" stammt aus dem Lateinischen und bedeutet Nachtwache. Er bezeichnet die nächtlichen Gebete, die in der mönchischen Gebetsordnung vorgesehen sind. Die Idee zu dieser Kapitelbezeichnung hat Hoffmann vermutlich durch den Roman *Nachtwachen* erhalten, der 1804 unter dem Pseudonym Bonaventura veröffentlicht wurde. Dieser von Ernst August Klingemann verfasste satirische Roman ist in 16 Episoden eingeteilt, die als „Nachtwachen" bezeichnet werden. Die Bezeichnung vermittelt den Eindruck, als seien die einzelnen Kapitel bei Nacht geschrieben worden, was das Mystische der Erzählung unterstreicht. Die Zahl zwölf steht einerseits für die zwölf Stunden der Nacht, andererseits für die Vollkommenheit der Handlung, die nach zwölf Vigilien ihre Vollendung findet.

Zwölf als Zahl der Vollkommenheit

Eine weitere Besonderheit der Kapiteleinteilung sind die Inhaltsangaben, die jeder Vigilie vorausgehen. Sie geben in kurzen Stichworten, die teilweise wie Untertitel wirken, Hinweise auf die jeweilige Handlung. Diese Hinweise dienen weniger der genauen Orientierung als vielmehr dazu, die Aufmerksamkeit des Lesers auf bestimmte Ereignisse im folgenden Kapitel zu lenken.

Die Struktur

KURZINFO

Allmähliche Auflösung der Grenzen zwischen realer und magischer Welt

- Märchenuntypisch sind die genauen Ortsangaben der Handlung.
- Die Darstellung der realen Örtlichkeiten bleibt jedoch vage und überlässt es dem Leser, sich eine genaue Vorstellung zu machen.
- Die Örtlichkeiten der magischen Welt werden bildreicher und plastischer geschildert.
- Die reale und die magische Welt sind zunächst klar voneinander abgegrenzt, gehen dann immer mehr ineinander über.

Reale und mystische Handlungsstränge wechseln sich ab

Die Struktur des Textes zeichnet sich dadurch aus, dass sich reale und mystische Handlungsstränge abwechseln, wobei in den Vigilien mit ungeraden Zahlen (3, 5, 7, 9 und 11) die reale Welt dominiert, während in den übrigen (4, 6, 8, 10 und 12) die mystische Welt im Vordergrund steht. So ist es sicherlich kein Zufall, dass der goldene Topf zum ersten Mal genau in der Mitte des Märchens in der 6. Vigilie auftaucht.

Bipolarität der realen und der mystischen Welt

Im Lauf der Handlung gehen die beiden Welten immer mehr ineinander über und durchdringen sich gegenseitig. Dabei wird das Mystische mehr und mehr zur Realität, bis der Leser erkennt, dass es sich bei den beiden Welten nicht um den Gegensatz zwischen Realität und Fiktion handelt, sondern vielmehr um zwei Realitäten, die sich gegenseitig ergänzen. Die Bipolarität der beiden Welten bestimmt die gesamte Struktur der Handlung und zeigt sich in allen Bereichen der Erzählung. Sie spiegelt sich in den Handlungsräumen ebenso wie in der Gestaltung der erzählten Zeit und der Darstellung der Personen wider.

Der Handlungsverlauf ist bestimmt durch den Konflikt zwischen der realen bürgerlichen Welt und der irrealen Märchenwelt. Die reale Welt zeigt sich bereits im ersten Satz: „Am Himmelfahrtstage, nachmittags um drei Uhr, rannte ein junger Mensch in Dresden durchs Schwarze Tor, […].“ Diese konkrete Zeitangabe, verbunden mit der realen Örtlichkeit, vermittelt den Eindruck einer tatsächlich beobachteten Gegebenheit. Die Stadt Dresden steht in Opposition zum späteren mythischen Ort Atlan-

Dresden als Schauplatz der Handlung in der realen Welt

tis. Sie fungiert als Sinnbild für einen bürgerlichen Ort, an dem alles seine Ordnung hat und an dem man allem Fremden und Übernatürlichen mit Skepsis begegnet. Obwohl die Stadt namentlich genannt ist, werden jedoch weder das Stadtbild noch das charakteristische Elbufer näher geschildert. So bleibt es dem Leser selbst überlassen, wie er sich die Stadt vorstellen möchte oder kann (vgl. Wührl 1988, S. 29). Die Ortsangaben beziehen sich lediglich auf einzelne Schauplätze wie „Linkisches Bad" (ein Ausflugsort mit Gartenlokal), „Elbbrücke", „Kreuzkirche" usw. Aber selbst diese haben eher einen metaphorischen als einen konkreten Charakter. So ist das „Schwarze Tor", durch das Anselmus zu Beginn des Märchens eilt, weniger eine konkrete Ortsangabe als ein Sinnbild für das, was im Folgenden passieren wird. Mit dem Schritt durch das schwarze Tor beginnt für den Studenten der Eintritt in eine magische Welt, deren Zugang das Tor symbolisiert (vgl. ebd.).

Exemplarisch für die bürgerliche Lebenswelt steht auch die Wohnung des Konrektors Paulmann. Wie schon bei der Stadt Dresden lässt Hoffmann dem Leser wieder viel Raum für die eigene Vorstellung von dieser bürgerlichen Idylle. Lediglich bestimmte Requisiten der Innenausstattung, die nur erwähnt werden, wenn die Personen der Handlung sie benutzen, lassen das Bild einer Bürgerwohnung aus dem Biedermeier entstehen.

Atlantis als Mittelpunkt der mythischen Welt

Dieser bürgerlichen Welt steht die phantastische Welt von Atlantis gegenüber. Atlantis ist ein sagenhafter Inselstaat, den bereits Platon beschrieb. Seine reale Existenz wurde nie bewiesen, dennoch besteht der Mythos von Atlantis bis heute. An diesem Ort zählen andere, phantastischere und magische Werte als in der realen Welt; Materielles spielt keine große Rolle. Diese andere, parallel zur vertrauten Wirklichkeit existierende Welt ist gekennzeichnet durch Farben, Klänge und Düfte, die Anselmus zuvor nicht gekannt hat. Sie spricht alle Sinne an und weist damit unbegrenzte Wahrnehmungsmöglichkeiten auf. Letztendlich ist Atlantis nicht als geographischer Ort zu verstehen, sondern als Sinnbild für das dichterische Schaffen, für ein „Leben in der Poesie", wie es der Archivarius am Schluss formuliert (vgl. 102.4).

Atlantis als Sinnbild für ein „Leben in der Poesie"

Es fällt auf, dass die mythische Welt mit einer Fülle von Sinneseindrücken viel ausführlicher geschildert wird als die bürgerliche Welt. Die Häuser des Archivarius und der alten Rauerin sind lediglich als „uralt“ oder das „kleine rote Häuschen“ bezeichnet. Ihre Innenräume werden dagegen sehr detailliert beschrieben und spiegeln die Sichtweise der jeweiligen Besucher wider. So beschreibt Anselmus die „vielen schönen Türen“ und die „Bibliothek der Palmbäume“ mit all ihren wunderbaren Farben, edlen Steinen und Metallen. Dabei bleibt für den Leser offen, ob die Darstellung der Realität entspricht oder vielmehr der einseitigen Wahrnehmung des jungen Studenten.

Keine eindeutige Trennung zwischen Realität und subjektiver Wahrnehmung

Die Hexenküche der alten Liese lernt der Leser durch die Augen Veronikas kennen. Da die Tochter des Konrektors nicht so emotional ist wie Anselmus, fällt die Darstellung ebenfalls weniger enthusiastisch aus. Dennoch vermittelt Veronikas Sichtweise dem Leser eine plastische Vorstellung von dieser Lebenswelt:

> „Allerhand hässliche ausgestopfte Tiere hingen von der Decke herab, unbekanntes seltsames Geräte lag durcheinander auf dem Boden und in dem Kamin brannte ein blaues sparsames Feuer, das nur dann und wann in gelben Funken emporknisterte; aber dann rauschte es von oben herab, und ekelhafte Fledermäuse wie mit verzerrten lachenden Menschengesichtern schwangen sich hin und her, und zuweilen leckte die Flamme herauf an der rußigen Mauer und dann erklangen schneidende, heulende Jammertöne, […].“ (43.9–18)

Der Textauszug zeigt Hoffmanns charakteristische Beschreibungstechnik, die mit ihrer Dynamik „aus vorstellbaren Bildelementen Bewegungsabläufe“ (Wührl, 1988, S. 32) schafft.

Die räumliche Struktur der Erzählung entsteht insgesamt durch den ständigen Wechsel zwischen Alltagswelt und Märchenwelt. Da sich die beiden Welten gegenseitig durchdringen, können sie sich jedoch isoliert voneinander kaum tiefergehend entfalten.

Ständiger Wechsel zwischen den Welten

Strukturierung der Zeit

KURZINFO

Zeitangaben unterstreichen den Gegensatz zwischen realer und mystischer Welt

- Die zeitliche Gestaltung ist ebenso ambivalent wie die räumliche.
- Präzise Zeitangaben vermitteln den Eindruck realer Begebenheiten.
- Sie heben die bürgerliche Komponente der Handlung hervor.
- Auf der anderen Seite gibt es die Zeitebene der mystischen Welt, die losgelöst ist von der der realen Welt.

Ambivalenz der zeitlichen Gestaltung

So ambivalent wie die räumliche Gestaltung ist auch die zeitliche Gestaltung der Handlung. Die wunderbare Wandlung des armen Studenten Anselmus zum Dichter auf einem Rittergut in Atlantis vollzieht sich in einem Zeitraum von etwa neun Monaten. Innerhalb dieser Zeitspanne werden von Beginn an stets präzise Zeitangaben gemacht. Die Handlung beginnt am Himmelfahrtstag und endet am 4. Februar des nächsten Jahres, dem Namenstag Veronikas. Dabei ist die Zeitangabe des Himmelfahrttages ganz bewusst gewählt. Dieser für die christlichen Bürger bedeutsame Feiertag hat für Anselmus ebenfalls eine ganz besondere Bedeutung, wenn auch nicht in religiöser Hinsicht. Auch für ihn beginnt mit diesem Tag eine „Himmelfahrt“ im übertragenen Sinne, nämlich die Entwicklung zum Dichter. Mit dem Ende der Geschichte an Veronikas Namenstag wird ebenfalls ein religiöser Bezug hergestellt, der für die bürgerliche Bevölkerung bedeutsam ist. Der Namenstag ist gleichzeitig Veronikas Verlobungstag, wodurch die bürgerliche Ordnung wiederhergestellt scheint.

Christliche Bezüge als Merkmal der bürgerlichen Welt

Die Dresdner Kirchturmglocken ermahnen immer wieder zur Einhaltung bestimmter Zeiten. So beginnt Anselmus seine Tätigkeit als Kopist beim Archivarius Punkt „zwölf Uhr“. „Schlag drei Uhr“ wird er zum Mittagsmahl geladen, und als die „Glocke sechs Uhr“ schlägt, endet sein Arbeitstag. Auch andere Tätigkeiten sind durch genaue Uhrzeiten bestimmt. Der Tag ist in Arbeit und Vergnügen eingeteilt, sei es die Klavierstunde Veronikas oder die Punschgesellschaft am Abend. Dazwischen sind häufig Bemerkungen über die Tageszeiten oder das Wetter im Zusammenhang mit der herrschenden Jahreszeit eingestreut. Die scheinbar peniblen Zeitangaben sollen ebenso wie die präzisen Ortsangaben die bürgerliche Komponente der Handlung hervorheben.

Daneben gibt es noch eine andere Zeitebene, die für die Geschichte von Atlantis maßgeblich ist. Die Schilderung der magischen Welt gliedert sich in drei Teile: den Rückblick des Archivarius Lindhorst in der dritten Vigilie, Serpentinas Erzählung in der siebenten Vigilie und die Unendlichkeitsvision des Erzählers am Ende des Märchens (vgl. Neubauer 2005, S. 25).

Die magische Welt hat ihre eigene Zeitebene

Bipolarität der Personen

KURZINFO

Gegenüberstellung von bürgerlichen und mythischen Personen

- Auch die Personendarstellung ist bestimmt vom Dualismus der realen Welt und der magischen Welt.
- Die Menschen der bürgerlichen Welt nehmen mit ihrer eingeschränkten Sichtweise in Bezug auf die Welt Züge von Karikaturen an.
- Die Gegenüberstellung von bürgerlichen und mythischen Personen entspricht dem in der Romantik üblichen Gegensatz zwischen „Philistern" (Spießbürgern) und Künstlern.

Auch die Darstellung der Personen ist gekennzeichnet durch die Trennung in Bürgerliche und Märchenfiguren. Dabei stehen die bürgerlichen Personen für den in der Romantik als „Philister" bezeichneten Typus des etwas engstirnigen (Spieß-)Bürgers, während die Personen aus der Märchenwelt den Typus des freigeistigen Künstlers verkörpern. Das zeigt sich z. B. zu Beginn der zweiten Vigilie, als Anselmus von einer ehrbaren Bürgersfrau als „nicht recht bei Troste" (12.6) bezeichnet wird, weil er den Holunderbaum umfasst und in die Zweige hineinruft. Der eigentliche Grund für sein Verhalten bleibt den bürgerlichen Menschen verschlossen. Ähnlich reagieren auch Konrektor Paulmann und Registrator Heerbrand auf Anselmus' Reaktionen hinsichtlich von Ereignissen aus der Märchenwelt.

„Philister" bezeichnet den Typus des engstirnigen Bürgers

Die bürgerliche Bevölkerung Dresdens lebt in einer Welt, die gekennzeichnet ist von einfachen Vergnügungen wie Feuerwerk, Punschabenden oder hin und wieder einem Bier im Linke'schen Bad. Ansonsten ist das Leben geprägt von preußischer Pünktlichkeit, der Wichtigkeit von Titeln, materiellem Denken und spießigen Details.

Anselmus passt nicht in die bürgerliche Welt

Die Hauptfigur Anselmus kommt ebenfalls aus dieser Welt und findet zu Beginn selbst noch Freude an den kleinbürgerlichen Vergnügungen. Auch er strebt eine gute Beamtenstellung an und träumt von der Ehe mit einem netten bürgerlichen Mädchen von guter Herkunft. Jedoch wird schnell deutlich, dass er nicht wirklich in diese Welt passt. Sein tollpatschiges Verhalten sowie seine unmodische Kleidung machen ihn von Anfang an zu einem Außenseiter. Ihm selbst ist es durchaus bewusst, dass er in dieser Welt fehl am Platz ist, und er spürt, dass es noch mehr gibt, als ihm bisher bekannt ist.

Figurenkonstellationen

KURZINFO

Aufteilung der Figuren in Vertreter der bürgerlichen und der mythischen Welt

- Das Prinzip des Dualismus gilt auch für die Figuren der Erzählung.
- Einige Figuren gehören der realen Welt an, andere der mythischen.
- Die Figuren der mythischen Welt können sogar verschiedene Rollen einnehmen, doch nicht alle haben die Fähigkeit, sich in beiden Welten zu bewegen.
- Die Aufteilung der Figuren spiegelt den Gegensatz zwischen Bürgern und Künstlern wider.

Dualismus von Philister und Künstler

Die Figuren verkörpern zum einen die Repräsentanten der poetischen Märchenwelt, zum anderen die der prosaischen Alltagswelt. Dabei geht es Hoffmann vor allem um die Darstellung des Gegensatzes zwischen dem Typus des romantischen Künstlers und dem des sogenannten Philisters. Eine zu starke Schematisierung erscheint jedoch kaum sinnvoll, da ein besonderes Merkmal der Figurencharakterisierung deren Vielschichtigkeit ist. Einige Figuren sind nicht nur das, was sie zu sein scheinen. Vielmehr verändern sie sich ständig und spielen teilweise sogar mehrere Rollen, die ihnen ermöglichen, sich in beiden Welten zu bewegen.

Vielschichtigkeit der Personendarstellung

Die Personen verkörpern den Konflikt zweier Welten

Der Konflikt zwischen den beiden Welten spiegelt sich im Ringen der beiden Frauen, Veronika und Serpentina, um die Liebe von Anselmus wider. Der Kampf der beiden wird nicht unwesentlich von den zwei Magiern, Archivarius Lindhorst und der alten Liese Rauerin, beeinflusst. Beide versuchen mithilfe ihrer „Kandidatin" Anselmus für die eigenen Zwecke zu instrumentalisieren. Somit ist Anselmus für beide ein Mittel zur Verwirklichung ihrer persönlichen Bestrebungen (vgl. De Loecker 1983, S. 43).

Entscheidend für den Fortgang der Handlung ist aber letztendlich die Entwicklung, die Anselmus im Verlauf der Ereignisse durch die Begegnungen mit den verschiedenen Personen vollzieht.

Die Figuren der Märchenwelt

KURZINFO

Vielschichtigkeit der Märchengestalten

- Anselmus, Archivarius Lindhorst, seine Töchter und die Rauerin gehören zu den Figuren, die Zugang zur Märchenwelt haben.
- Die Figuren, die ursprünglich aus der Märchenwelt stammen, können ihre Gestalt verändern.
- Die Märchengestalten können sich zwischen beiden Welten hin und her bewegen.
- Sie werden in Vertreter der weißen und der schwarzen Magie unterschieden.

Anselmus

Anselmus steht im Zentrum des Geschehens

Die Hauptfigur ist der junge Student Anselmus. In den meisten Vigilien steht er im Zentrum des Geschehens. Selbst in den Vigilien, in denen das nicht der Fall ist, wie z. B. sieben und elf, ist die Handlung auf Anselmus ausgerichtet bzw. drehen sich die Gespräche weiterhin um seine Person. Schließlich ist er auch die einzige Figur, die sowohl eine geistige als auch eine räumliche Veränderung erlebt.

Bereits zu Beginn zeichnet er sich durch sein tollpatschiges Verhalten aus, als er den Apfelkorb des alten Weibes umstößt und damit ihren Fluch auf sich lädt. Er selbst hadert mit seiner Ungeschicklichkeit, die immer wieder zu Unmut führt:

> „Wahr ist doch, ich bin zu allem möglichen Kreuz und Elend geboren! – Dass ich niemals Bohnenkönig geworden, dass ich im Paar oder Unpaar immer falsch geraten, dass mein Butterbrot immer auf die fette Seite gefallen, von allem diesem Jammer will ich gar nicht reden; […]." (7.15–20)

Er bemitleidet sich selbst aufgrund seiner Herkunft und seines vermeintlichen Unglücks, das ihn seiner Meinung nach zu verfolgen scheint:

> „Aber hat mir ein Unstern nicht die besten Gönner verfeindet? […] Was hilft es, dass mir der Konrektor Paulmann Hoffnung zu einem Schreiberdienste gemacht hat, wird es denn mein Unstern zulassen, der mich überall verfolgt!" (8.8–25)

Anselmus als gesellschaftlicher Außenseiter

Diese Missgeschicke sowie seine ärmliche, unmodische Kleidung (vgl. 6.5 f.) machen Anselmus zu einem Außenseiter in der Gesellschaft, zu der er so gerne gehören möchte. Für seine Außenseiterrolle und der damit verbundenen Einsamkeit spricht auch das lange Selbstgespräch über seine unglückliche Situation (vgl. 7.15 ff.). Auch seine Offenheit für wunderbare und phantastische Phänomene wird deutlich, als er auf die Stimmen im Holunderbusch lauscht. Also ist auch die Figur des Anselmus durch einen gewissen Dualismus gekennzeichnet. Einerseits ist er ein Mitglied der bürgerlichen Gesellschaft, indem er z. B. durch eine gute Schulbildung und sein Studium versucht, einen vorteilhaften Platz in der Gesellschaft zu erringen. Auch ist er den kleinen bürgerlichen Freuden durchaus zugewandt. So freut er sich an jenem Himmelsfahrtstag auf einen Feiertag mit „[…] einer halben Portion Kaffee mit Rum und einer Bouteille Doppelbier […]" (6.28 f.). Sein Kontakt zu Konrektor Paulmann und Registrator Heerbrand zeigen seinen Wunsch, sich in der bürgerlichen Gesellschaft zu etablieren. Dazu gehört auch sein mehr oder minder starkes Bemühen um Veronika, die Tochter des Konrektors.

Anselmus findet Zugang zur phantastischen Märchenwelt

Auf der anderen Seite entspricht Anselmus mit seinem ungeschickten Verhalten in der Öffentlichkeit nicht dem idealen bürgerlichen Akademiker. Auch andere seiner Verhaltensweisen stoßen bei den „normalen" Bürgern auf Unverständnis. „Der Herr ist wohl nicht recht bei Troste!" (12.6) stellt eine Bürgersfrau fest, als sie den Studenten am Stamm eines Holunderbaums rütteln sieht. Und der Anselmus wohlgesonnene Konrektor Paulmann deutet sein abwesendes Verhalten als eine körperliche Erkrankung, die man mit „Blutigeln" behandeln kann (vgl. 17.20). Auch scheint Anselmus übernatürliche Fähigkeiten zu besitzen; so nimmt er nicht nur seltsame Stimmen und Klänge wahr, sondern sieht im Blätterwerk des Holunderbaums ein goldgrünes Schlänglein, das ihn sofort fasziniert. Im folgenden Verlauf der Handlung schwankt er immer wieder zwischen der realen bürgerlichen Welt und der Welt des Wunderbaren. Er kann sich aber nicht so einfach von der bürgerlichen Welt trennen und zweifelt immer wieder an Serpentinas Existenz. Am Ende überwindet er jedoch nach vielen Prüfungen seine Zweifel, verlässt die alltägliche Welt und gelangt mit Serpentinas Hilfe in das Reich von Atlantis.

Archivarius Lindhorst

Doppelrolle des Archivarius als Bürger und magischer Geisterfürst

Der Archivarius spielt in der Geschichte eine Doppelrolle. In der realen Welt ist er der bürgerliche Archivarius, für den der Student Anselmus Manuskripte kopieren soll. Im Märchenreich ist er ein Geisterfürst aus dem Geschlecht der Salamander. Seine doppelte Funktion verdeutlicht sich bereits in der Beschreibung. Registrator Heerbrand schildert ihn als alten, wunderlichen, merkwürdigen Mann, der allerlei geheime Wissenschaften treibe. Diesen Eindruck relativiert er jedoch sofort wieder, „da es nun aber dergleichen eigentlich nicht gibt" (18.21 f.), und bezeichnet ihn als „einen forschenden Antiquar, auch wohl nebenher für einen experimentierenden Chemiker" (18.23 f.). Auf Anselmus hat er gleich bei der ersten Begegnung eine unerklärliche Wirkung:

> „[...] er konnte dem Archivarius Lindhorst kaum in die starren ernsten Augen sehen, ohne innerlich auf eine ihm selbst unbegreifliche Weise zu erbeben. Zumal hatte die raue, aber sonderbar metallartig tönende Stimme des Archivarius Lindhorst für ihn etwas geheimnisvoll Eindringendes, dass er Mark und Bein erzittern fühlte." (25.16–21)

Im Verlauf der Handlung macht der Archivarius mehrere Metamorphosen durch: In der mythischen Welt entstammt er dem Geschlecht der Salamander, in der bürgerlichen ist er ein etwas schrulliger alter Mann. Anselmus erscheint er einmal als weißgrauer Geier, der in die Dämmerung davonfliegt (vgl. 35.15 f.), und beim Punschgelage befindet er sich in der Terrine (vgl. 80.33 f).

Die Geschichte seiner Herkunft wird in der 8. Vigilie als Rückblick seiner Tochter Serpentina erzählt. Zur Strafe dafür, dass er sich einst dem Geisterfürsten Phosphorus widersetzte, wurde er in das kleinbürgerliche Leben der diesseitigen Welt verbannt. Dort muss er nun leben, bis seine drei Töchter mit drei Jünglingen vermählt werden, die noch an die Wunder der Natur glauben und sich in die Töchter, die ihnen nur in Form von drei goldgrünen Schlangen erscheinen dürfen, verlieben.

Trotz der Straftat in seinem früheren Leben ist der Archivarius einer der guten Zauberer, der seine Verbindung zur Geisterwelt stets zum Schutz seiner Schützlinge einsetzt. Er ist es, der Anselmus immer wieder dazu ermuntert, an Serpentina und damit an die poetische Welt zu glauben, und der ihn auf ein Leben im Reich der Poesie vorbereitet. So könnte man Anselmus' Dienste beim Archivarius auch als eine Art Dichterlehre verstehen.

Der Archivarius als Anselmus' Lehrmeister

Auf der anderen Seite zeigt Lindhorst auch immer wieder menschliche Eigenschaften, z. B. wenn er an Kneipenbesuchen teilnimmt oder einer bürgerlichen Kaffeegesellschaft aus seinem magischen Leben erzählt. Dies alles macht ihn zu einer facettenreichen Figur, die sich nicht auf eine bestimmte Rolle festlegen lässt und den großen inneren Reichtum desjenigen versinnbildlicht, der kein engstirniger Bürger ist (vgl. De Loecker 1983, S. 44).

Erlösung des Archivarius bleibt aus

Am Ende des Märchens ist der Archivarius jedoch noch immer ein Verbannter in der bürgerlichen Welt, da er erst eine seiner Töchter mit einem geeigneten Jüngling verheiraten konnte. Seine Magie reicht für die eigene Erlösung nicht aus.

Serpentina und ihre Schwestern

Sinnbild der Vollkommenheit

Serpentina und ihre beiden Schwestern gehören als Töchter des Zauberers, Geisterfürsten und Salamanders der Märchenwelt an. Serpentina ist die Person mit der geringsten Anzahl an Widersprüchen, da sie uneingeschränkt zu der höheren Welt des Guten gehört, mit der sie stets in Verbindung steht. Ihr Auftritt in der Handlung ist meist von positiven synästhetischen (d. h. verschiedene Sinne ansprechenden) Wahrnehmungen begleitet (vgl. De Loecker 1983, S. 45). Sie erscheint als Sinnbild der Vollkommenheit und Glückseligkeit, und Anselmus' Glaube an sie und ihre Liebe ist gleichbedeutend mit seinem Glauben an eine höhere Welt voller Poesie. Diese Liebe ist es auch, die ihn während seiner mühsamen Kopierarbeit immer wieder antreibt und ermutigt. Ebenso ist es Serpentinas Stimme, die ihm während seiner Gefangenschaft in der gläsernen Flasche neue Hoffnung verleiht:

> „'Anselmus! – glaube, liebe, hoffe!' […] Immer mehr verringerte sich die Qual seines Zustandes, und er merkte wohl, dass ihn Serpentina noch liebe, und dass nur sie es sei, die ihm den Aufenthalt in dem Kristall erträglich mache." (85.4–12)

Serpentina, die Schlange

Der Name Serpentina leitet sich von dem lateinischen Wort *serpens* für Schlange ab und bezeichnet zunächst die äußere Gestalt. Er steht aber auch für das Stilideal einer flüssigen Handschrift bei der Kopistentätigkeit, die Anselmus bei Serpentinas Vater ausübt. So entstand der Begriff „figura serpentinata" in der Renaissance als Prinzip einer idealen Schönheitslinie, die sowohl in der Natur als auch in der Kultur zu finden ist. Sie hat die Figur einer sich bewegenden Schlange und erinnert an den Buchstaben „S".

Vollkommene Liebesbeziehung

Die beiden Bedeutungsaspekte des Namens hängen eng miteinander zusammen, da sie auf die Verbindung zwischen Serpentina und Anselmus hinweisen, die schließlich auch zur Erlösung Lindhorsts beiträgt. Die Liebe zwischen Serpentina und Anselmus steht in scharfem Kontrast zu derjenigen zwischen Anselmus und Veronika, da sie umfassender erscheint. Während Veronika von ihrem Alltag als Gattin des Hofrats träumt, hat Anselmus' Beziehung zu Serpentina eine spirituelle Komponente. Sie reicht über das Alltägliche hinaus und verweist auf die Dimension einer Existenz im Geiste der Kunst, die dem Normalbürger meist verschlossen bleibt.

Die Rauerin

Die Rauerin erscheint in wechselnder Gestalt

Liese Rauerin gehört ebenso wie Lindhorst zur Welt der Magie. Sie bildet den negativen Gegenpol zum Archivarius. In der Märchenwelt sind sie ebenbürtig, wie sie selbst betont: „Der Archivarius ist mein größter Feind [...]. Er ist der weise Mann, aber ich bin die weise Frau" (45.11–15). Ebenso wie der Archivar vermag sie sich in beiden Welten zu bewegen und im Handlungsverlauf beliebig ihre Gestalt zu wechseln: Zu Beginn ist sie das alte Weib, dessen Apfelkorb Anselmus umstößt. Obwohl sie an dieser Stelle in Gestalt einer realen Person erscheint, verbreitet sie eine Atmoshäre des Unheimlichen:

> „[...] rief ihm die Alte nach: Ja renne – renne nur zu, Satanskind – ins Kristall bald dein Fall – ins Kristall! – Die gellende, krächzende Stimme des Weibes hatte etwas Entsetzliches, so dass die Spaziergänger verwundert stillstanden, und das Lachen, das sich erst verbreitet, mit einem Mal verstummte." (5.19–24)

Sowohl die krächzende Stimme als auch die Verwünschung verleihen ihr Züge einer Märchenhexe. Das nimmt auch der feinsinnige Anselmus sogleich wahr, fühlt er sich doch bei allem Unverständnis für die sonderbaren Worte „von einem unwillkürlichen Grausen ergriffen“ (5.26 f.) und versucht, der Frau so schnell wie möglich zu entkommen. Selbst den weniger sensiblen Personen ist die Wirkung der alten Frau nicht entgangen, da sie den Studenten nun wegen der unglücklichen Begegnung bedauern: „Der arme junge Mann – Ei! – über das verdammte Weib!“ (5.30 f.)

Vertreterin der schwarzen Magie

In der Eingangsszene kündigt sich bereits an, dass die Rauerin eine Vertreterin der sogenannten schwarzen Magie ist, hervorgegangen aus der Verbindung einer schwarzen Feder mit einer Runkelrübe (vgl. 71.16 f.). Mithilfe ihrer magischen Kräfte versucht Veronika das Herz des Studenten Anselmus für sich zu gewinnen. Dabei hilft ihr die Hexe nicht aus Nächstenliebe, sondern um die Erlösung des Archivarius zu verhindern.

Das Gute siegt über das Böse

In den Gestalten, die die Rauerin im Verlauf der Handlung verkörpert, überwiegen negative Merkmale. Einmal erscheint sie als „altes hässliches Weib“ (5.7), ein anderes Mal als fratzenhaft grinsender Türklopfer mit „spitzigen Zähnen“ (20.29) und schließlich sogar als eine „garstige Runkelrübe“ (88.24). Einzig Veronika erkennt in ihr ihre ehemalige liebevolle Kinderfrau. Dennoch vermag sie sich trotz der Verschiedenartigkeit ihrer Gestalten, in denen sie versucht, Anselmus in die Irre zu führen, nicht zu behaupten. Letztendlich siegt das Gute über das Böse, und die Hexe verendet als Runkelrübe im Schnabel des Papageien (vgl. 88.35).

Figuren der realen Welt

KURZINFO

Die Bürgerlichen als Gegenpol zu den magischen Figuren

- Zu den Figuren der realen Welt gehören der Konrektor Paulmann mit seiner Tochter Veronika sowie der Registrator Heerbrand.
- Sie bilden den Gegenpol zu den poetischen Wesen aus der Zauberwelt von Atlantis.
- Meist entstammen sie dem bürgerlichen Mittelstand und üben Tätigkeiten im Bereich der Bürokratie aus.
- Ihr Denken und Handeln ist begrenzt und steht unter gewissen Nützlichkeitsaspekten.
- Ihre Charakterisierung ist humoristisch oder ironisch gefärbt.

Veronika

Veronika ist die ältere Tochter von Konrektor Paulmann. Sie ist im bürgerlichen Sinne eine gute Partie, „[…] ein recht hübsches blühendes Mädchen von sechzehn Jahren“ (16.11 f.), und beherrscht Klavier und Gesang für die Hausmusik. Darin erschöpft sich ihr Interesse an Kunst, die für Veronika lediglich als Abwechslung zum Alltag dient und keinen höheren Zweck erfüllt. Ihr Lebensziel besteht darin, einen Ehemann mit hohem gesellschaftlichen Status zu finden. Als Heerbrand andeutet, dass Anselmus möglicherweise einmal Hofrat werden könnte, versucht sie ihn für sich zu gewinnen. Die Aussicht auf eine Verbindung mit Anselmus lässt Veronika von einer Zukunft als Frau Hofrätin träumen. Unter Zuhilfenahme der schwarzen Magie versucht sie daher sein Herz zu gewinnen. Diese Handlungsweise bereut sie am Ende jedoch. Sie schwört den dunklen Mächten ab und gönnt Anselmus sein Glück mit Serpentina. Das fällt freilich nicht schwer, denn Registrator Heerbrand ist inzwischen zum Hofrat ernannt und hat ihre Gunst erworben.

Veronika träumt von einem Mann mit gesellschaftlichem Ansehen

Veronika verkörpert den Gegenpol zu Serpentina, sie steht symbolisch für die bürgerliche Welt und ist bemüht, Anselmus darin einzubinden. Dabei erscheint sie als die eigentliche Schlange, die mithilfe schwarzer Magie versucht, Anselmus auf ihre Seite zu ziehen. Dennoch erscheint Veronika als sympathische Figur, die allein aus Liebesnöten so handelt. Insgesamt wird sie plastischer beschrieben als Serpentina, die zwar die

Veronika als Gegenpol zu Serpentina

ideale Geliebte verkörpert, aber in Bezug auf ihre konkreten Merkmale eher konturlos bleibt (vgl. Schwanenberger 1990, S. 40 f.).

Konrektor Paulmann

Der Konrektor ist Vater von zwei Töchtern, die ältere ist Veronika, die jüngere das zwölfjährige Fränzchen. Wie im Falle des Archivarius ist es sein Bestreben, die Tochter zu verheiraten. Er trifft sich daher immer wieder mit Anselmus und lädt ihn auch zu sich nach Hause ein, um eine Verbindung zwischen Veronika und Anselmus zu stiften. Dessen ungewöhnliches Verhalten hält er zwar für eine behandlungsbedürftige seelische Krankheit, dennoch tut das seiner Auswahl als Heiratskandidat für seine Tochter keinen Abbruch. Nach einer durchzechten Nacht nimmt er aber Abstand von dem Vorhaben und distanziert sich sowohl von Anselmus als auch von Registrator Heerbrand. Als Heerbrand zum Hofrat ernannt wird, ändert er schlagartig seine Einstellung und gibt ihm, nachdem dieser seine Liebe zu Veronika gestanden hat, seine Tochter zur Frau.

Paulmann hält Anselmus' Phantasien und Visionen für Symptome einer Krankheit

Registrator Heerbrand

Auch Heerbrand, der Freund von Konrektor Paulmann, vertritt die reale bürgerliche Welt, doch ist er im Gegensatz zu Paulmann übersinnlichen Phänomenen gegenüber aufgeschlossener und meint Anselmus' Verhalten nachvollziehen zu können:

> „So ist mir in der Tat selbst einmal nachmittags beim Kaffee in einem solchen Hinbrüten, dem eigentlichen Moment körperlicher und geistiger Verdauung, die Lage eines verlornen Aktenstücks wie durch Inspiration eingefallen, und nur noch gestern tanzte auf gleiche Weise eine herrliche große lateinische Frakturschrift vor meinen hellen offenen Augen umher." (16.21–27)

Jedoch zeigt das gesamte Verhalten Heerbrands, dass er trotz des augenscheinlichen Verständnisses ebenso wenig Zugang zu außergewöhnlichen Phänomenen besitzt wie Konrektor Paulmann.

Die Vertreter des Bürgertums haben keinen Zugang zur Welt des Phantastischen

Erzählweise

Bilder, Symbole und Motive

KURZINFO

Märchentypische Bildersprache

- Viele Bilder, Symbole und Motive sind dem Bereich des Mystischen bzw. Magischen entnommen, wie es typisch für Märchen ist.
- Leitmotiv ist das Bild des Spiegels, das in unterschiedlichen Variationen vorkommt.
- Der goldene Topf symbolisiert die romantische Poesie.

Magische Bedeutung des Spiegels

Das Bild des Spiegels

Bereits seit der Antike wird dem Spiegel eine magische und hypnotisierende Wirkung zugeschrieben. Das beruht vor allem auf der Beobachtung, dass geschliffene, konvexe oder konkave Reflektoren die sichtbare Welt perspektivisch verändern und verzerren können. Besonders eindrucksvoll ist dies bei farbigen Spiegelungen. Auch im *Goldnen Topf* verwendet Hoffmann das Spiegelsymbol in vielfältiger Weise, so dass es durchaus als Leitmotiv der Erzählung gelten kann. Veronika z. B. blickt in einen Spiegel, um sich zu vergewissern, ob die Ohrringe als Geschenk von Anselmus nur ihrer Phantasie entsprungen sind (vgl. 37.35). Später blickt sie in den gleichen Spiegel, um die nun realen Ohrringe zu betrachten, die sie als Verlobungsgeschenk von Hofrat Heerbrand erhalten hat (vgl. 93.15 f.). Im Haus der alten Liese befindet sich ein runder Spiegel, auf dem der Rabe – ein bekanntes Requisit von Hexen – landet (vgl. 43.3). Diese Begebenheit weist daher bereits auf die allgemeine Bedeutung des Spiegels als Symbol für das Magische hin, auch wenn dieser Spiegel selbst noch keine magische Wirkung ausübt. Im weiteren Verlauf der Handlung kommen jedoch vier weitere magische Spiegel vor, die das Übernatürliche symbolisieren: der goldene Topf, der Zauberspiegel der alten Liese, der Türklopfer des Archivarius und der smaragdene Spiegel des Archivarius.

Goldner Topf als Symbol für das Wunderbare

Der goldene Topf

Der goldene Topf ist als Titelobjekt das bedeutsamste Symbol des Märchens. Auch sein Standort in einem azurblauen Palmzimmer auf einer Art Altar deutet auf seine besondere Bedeutung hin. Das Azurblau der Wände symbolisiert im Sinne der Romantik die Sehnsucht in eine unbekannte Ferne; die Palmen geben dem Raum etwas Exotisches. Die exponierte Stellung des goldenen Topfes zeigt, dass es sich bei ihm nicht nur um eines der zahlreichen Märchenrequisiten handelt, sondern ganz allgemein um ein Symbol des Wunderbaren. Dabei kann die Wahl des Gegenstandes, nämlich der Topf, als ironische Überzeichnung dieses Symbols gelten. Hoffmann selbst hat in einem Brief an Carl Friedrich Kunz vom 19. August 1813 von einem „Nachttopf" gesprochen.

Die besondere Bedeutung des goldenen Topfes erschließt sich jedoch erst gegen Ende des Märchens. Zunächst einmal fungiert der goldene Topf aufgrund seiner blanken Außenseite als Spiegel. Als Anselmus ihn zum ersten Mal im blauen Palmzimmer sieht, ist er von seinem Anblick fasziniert und erkennt diese Spiegelfunktion:

> „[...] als er ihn erblickte, Anselmus nun gar nicht mehr die Augen wegwenden konnte. Es war als spielten in tausend schimmernden Reflexen allerlei Gestalten auf dem strahlend polierten Golde – manchmal sah er sich selbst mit sehnsüchtig ausgebreiteten Armen – ach!" (49.35–50.4)

Die tausend schimmernden Reflexe, die er auf dem Topf sieht, spiegeln das wundervolle Reich der Elementargeister wider, das an die Vorgeschichte und Herkunft des Archivarius erinnert und die gute Seite der Magie symbolisiert. Der Meister dieser Magie ist der Salamander und sein Medium ist Serpentina. Durch einen Blick in den metallenen Spiegel des Topfes wird Anselmus in den Bann der magischen Welt gezogen. Er ahnt, welch glorreiche Zukunft ihn erwarten könnte, und für diese Aussicht lässt er sich auf die Machtspiele der Figuren aus dem Reich der Magie ein.

Goldner Topf steht für die gute Seite der Magie

Die Spiegelung des eigenen Inneren in einem Gefäß zu deuten ist eine der ältesten Formen der Wahrsagekunst. Anselmus ist von den Reflexen auf dem goldenen Topf nämlich vor allem deshalb so fasziniert, weil er darin mehr sieht als nur äußere Erscheinungen. Dieser Aspekt macht den goldenen Topf einzigartig unter den Symbolen des Märchens. Er ist ein Gefäß, das den unsterblichen Leib des Menschen in sich birgt:

> „Es war als spielten in tausend schimmernden Reflexen allerlei Gestalten auf dem strahlend polierten Golde – manchmal sah er sich selbst mit sehnsüchtig ausgebreiteten Armen [...]." (50.1–4)

Der goldene Topf birgt die tiefsten Wünsche und Bedürfnisse des Betrachters in sich und vermag sie zum Vorschein zu bringen.

Der Zauberspiegel der alten Liese

Zauberspiegel als Symbol der schwarzen Magie

Im Gegensatz zum goldenen Topf steht der Zauberspiegel der alten Liese als Symbol für die böse Magie. Ihr Meister ist die Rauerin selbst und ihr Medium ist Veronika. Der Blick in den Zauberspiegel dient als Mittel, Anselmus zu fesseln und für die eigenen Interessen zu gewinnen. Mit diesem Blick wird Anselmus' Liebe zu Veronika zum Leben erweckt, während sich die Liebe zu Serpentina ins Reich der Träume verflüchtigt.

Dunkle Magie schwächer als weiße Magie

Die dunkle Magie erweist sich jedoch als der schwächere Zauber. Indem der Zauberspiegel zerbricht, verschwindet die Macht, die es Veronika ermöglicht, Anselmus an sich zu binden. Die Bruchstücke übergibt Veronika Hofrat Heerbrand mit der Bitte, diese nachts um zwölf an der Stelle, an der ein Kreuz steht, in die Elbe zu werfen (vgl. 94.19 f.), um so die bösen Mächte endgültig zu bannen.

Der Türklopfer des Archivarius Lindhorst

Konvexspiegel erweitert das Sichtfeld

Auch der metallene Türklopfer an der Haustür von Archivarius Lindhorst erfüllt die Eigenschaften eines Spiegels. Aufgrund seiner fast kugelrunden Form könnte es sich um einen konvexen Metallspiegel handeln. Damit lässt sich auch die verzerrte Wiedergabe des Hexengesichts erklären, wie es im Text heißt (vgl. 20.26 f.). Da ein Konvexspiegel das Sichtfeld erweitert, erklärt dies auch, warum Anselmus in dem Türklopfer etwas erkennen kann, das sich eigentlich seinem Gesichtsfeld entzieht (vgl. Driesen 1999, S. 27).

Messing-Türknauf in Bamberg, Eisgrube 14, der Hoffmann zum Türklopfer des Archivarius Lindhorst inspirierte.

Der smaragdene Spiegel des Archivarius

Ein weiterer Zauberspiegel findet sich im Haus des Archivarius Lindhorst:

> „Der Student Anselmus schaute hin, und, o Wunder! der Stein warf wie aus einem brennenden Fokus Strahlen rings herum, und die Strahlen verspannen sich zum hellen leuchtenden Kristallspiegel, in dem in mancherlei Windungen, bald einander fliehend, bald sich ineinander schlingend, die drei goldgrünen Schlänglein tanzten und hüpften. Und wenn die schlanken in tausend Funken blitzenden Leiber sich berührten, da erklangen herrliche Akkorde wie Kristallglocken" (33.10–19).

Die Besonderheit dieses Zauberspiegels ist, dass beim Anblick der Spiegelung auch Klänge zu hören sind, also verschiedene Sinneseindrücke miteinander verbunden werden (Synästhesie).

Beim Blick in den Zauberspiegel ertönen Klänge

Kristall und Glas

Die Kristallsymbolik ist eng mit dem Spiegelmotiv verbunden. Der Kristall symbolisiert ebenso wie der Spiegel den Bezug zum Magischen und steht als Zeichen für die gute Magie, da in der romantischen Naturphilosophie der Kristall dem Element Wasser zugeordnet wird (vgl. Driesen 1999, S. 27). Er ist deutlich unterschieden von allem Gläsernen, das in Hoffmanns Erzählung mit der bürgerlichen Welt in Zusammenhang steht. Der Blick in den Kristallspiegel eröffnet Anselmus einerseits den Blick in das sagenhafte, im Meer versunkene, also dem

Blick in den Kristallspiegel dient der Selbsterkenntnis

Element Wasser zugehörige Inselreich Atlantis, andererseits dient er seiner Selbsterkenntnis und zeigt ihm seine Berufung zum Dichter auf. Trotz dieser positiven Aspekte verbindet sich mit dem Kristall aber auch die Vorstellung von etwas Schneidendem, Scharfem, Misstönendem und von unangenehmen Empfindungen, wie Anselmus sie in der Kristallflasche erlebt.

Metall

Metall als Symbol für den Zugang zur magischen Welt

Ebenso wie der Kristall ist auch das Metall ein Symbol für den Zugang zur magischen Welt. In der Naturphilosophie der Romantik wird das Metall dem Element der Erde zugeordnet, das im *Goldnen Topf* für die böse Magie steht. So benutzt die Rauerin den metallenen Türklopfer des Archivarius, um Anselmus zu erschrecken. Bei der alten Liese findet sich ein kupferner Kessel, in dem sie ihre bösen Zaubertränke braut. Dazu erhitzt sie im Kessel unter anderem verschiedene Metalle (vgl. 57.14 und 60.15). Des Weiteren verwendet sie für die Rituale ihrer schwarzen Magie sowohl gegossenes Blei als auch einen hellpolierten Metallspiegel zum Hellsehen (vgl. 41.16 ff.). Eine Ausnahme bildet hingegen der goldene Topf. Mit seinem edlen Metall nimmt er eine besondere Stellung ein und bietet dem Betrachter oder Besitzer die Möglichkeit, in das Reich des Phantastischen vorzudringen.

Schlange

Schlangenmotiv taucht in beiden Welten auf

Das Schlangenmotiv taucht in beiden Welten des Märchens auf. In der mystischen erblickt der Salamander in der achten Vigilie „der Lilie Tochter, die grüne Schlange" (68.3) und wird „von heißer Liebe zu der schönen Schlange ergriffen" (68.5). In der bürgerlichen Welt erscheint die Schlange Serpentina dem Studenten Anselmus. Die Schlange, die bereits seit der Bibel Symbol der Verführung ist, tritt auch hier verführerisch auf, und Anselmus erliegt der Verführung, indem er sich sogleich in die Schlange verliebt. Dennoch stehen die Schlangen im *Goldnen Topf* nicht generell für etwas Negatives. Vielmehr schwingt in der Bewegung des Umwindens und Umschlingens auch eine positive Bedeutung mit, wie die erotische Begegnung und Vereinigung von Anselmus und Serpentina zeigt:

> „Dem Anselmus war es, als sei er von der holden lieblichen Gestalt so ganz und gar umschlungen und umwunden, dass er sich nur mit ihr regen und bewegen könne, und als sei es nur der Schlag ihres Pulses, der durch seine Fibern und Nerven zitterte […]" (67.10–14).

Ambivalenz des Schlangenmotivs

Die Schlange erscheint jedoch auch zweimal als Symbol für das Böse und für die tödliche Gefahr, die von der Umschlingung auszugehen vermag. Einmal, beim Erlebnis mit dem Türklopfer, wird sie zur Riesenschlange, die Anselmus' Leben bedroht:

> „Die Klingelschnur senkte sich hinab und wurde zur weißen durchsichtigen Riesenschlange, die umwand und drückte ihn, fester und fester ihr Gewinde schnürend, zusammen, dass die mürben zermalmten Glieder knackend zerbröckelten und sein Blut aus den Adern spritzte, eindringend in den durchsichtigen Leib der Schlange und ihn rot färbend." (21.3–9)

Ein zweites Mal erscheint das Motiv der gefährlichen Riesenschlange als Reaktion auf den Tintenklecks, der auf dem wertvollen Manuskript des Archivarius landet:

> „Zischend und brausend fuhr ein blauer Blitz aus dem Fleck und schlängelte sich krachend durch das Zimmer bis zur Decke hinauf. Da quoll ein dicker Dampf aus den Wänden, die Blätter fingen an zu rauschen wie vom Sturme geschüttelt, und aus ihnen schossen blinkende Basilisken im flackernden Feuer herab, den Dampf entzündend, dass die Flammenmassen prasselnd sich um den Anselmus wälzten. Die goldnen Stämme der Palmbäume wurden zu Riesenschlangen, die ihre grässlichen Häupter in schneidendem Metallklange zusammenstießen und mit den geschuppten Leibern den Anselmus umwanden." (81.18–29)

Doch unabhängig davon, ob die Begegnung mit der Schlange als positiv oder negativ erlebt wird, kennzeichnet ihr Auftreten stets Ereignisse, in denen Kräfte von außen in das Geschehen eingreifen. Anselmus ist diesen Situationen hilflos ausgeliefert und hat keine Kontrolle über das Geschehen (vgl. Vitt-Maucher 1989, S. 37).

Schreiben

Symbol für die Entwicklung vom Schreiber zum Dichter

Die Tätigkeit des Abschreibens ist weit mehr als nur eine Beschäftigung, die Anselmus ein wenig Geld verschaffen soll. Sie ist vielmehr ein Symbol für Anselmus' Entwicklung vom tollpatschigen Studenten zum Dichter. Die Kalligraphie, das Schönschreiben, ist nicht nur wörtlich zu verstehen, sondern auch im übertragenen Sinn als „literarisch schön schreiben". Anselmus zeigt bereits von Anfang an eine Begabung zur Kalligraphie, was bereits auf seine noch unerkannte Fähigkeit zum Dichten hinweist. Der vergebliche Versuch des Archivarius, anderen jungen Männern die Aufgabe des Abschreibens zu übertragen, zeigt, dass es sich um eine anspruchsvollere Aufgabe handelt als das bloße Kopieren von Manuskripten. Vielmehr erfordert sie besondere Feinsinnigkeit und künstlerisches Gespür:

> „Da er schon mit ein paar jungen Leuten vergeblich den Versuch gemacht hat, jene Manuskripte kopieren zu lassen, so hat er sich endlich an mich gewendet, ihm einen geschickten Zeichner zuzuweisen; da habe ich an Sie gedacht, lieber Herr Anselmus, denn ich weiß, dass Sie sowohl sehr sauber schreiben, als auch mit der Feder zierlich und rein zeichnen." (19.7–14)

Kalligraphie als Schlüssel zu einer anderen Welt

Weiterhin ist es eben jene Tätigkeit des Kalligraphierens, die Anselmus den geistigen Zugang zu einer anderen Welt, der des Künstlertums, eröffnet. So hat Anselmus seine überirdischen Eingebungen stets beim Kopieren der Manuskripte. Er ahnt selbst, dass am Ende der Entwicklung, die er mithilfe des Schreibens vollzieht, sein Leben mit Serpentina stehen könnte:

> „Es war ihm in dem Augenblick so, als könne Serpentinas Liebe der Preis einer mühevollen gefährlichen Arbeit sein, die er unternehmen müsste, und diese Arbeit sei keine andere, als das Kopieren der Lindhorstischen Manuskripte." (47.6–10)

Er erkennt, dass der Lohn für seine Tätigkeit als Kopist kein materieller sein wird. Auch die Schilderung seiner Arbeit als gefährlich macht deutlich, dass es dabei um weit mehr als nur um das Abschreiben von Manuskripten geht, nämlich um seine gesamte Existenz.

Wahnsinn

Das Motiv des Wahnsinns zieht sich durch die gesamte Handlung. Anselmus wird immer wieder von seiner bürgerlichen Umwelt als wahnsinnig bezeichnet. Der Wahnsinn steht jedoch im *Goldnen Topf* nicht für eine psychische Erkrankung, sondern für eine andere, von der Anschauung des Normalbürgers abweichende Weltwahrnehmung, die in der Romantik häufig mit der poetischen Sichtweise gleichgesetzt wird.

Jedesmal, wenn Anselmus Zugang zu dieser anderen Welt findet, nimmt seine Umwelt die Eingebungen, Träume und Visionen als Wahnsinn wahr, während er selbst der Erkenntnis einer höheren Daseinsform näher kommt. Dabei sind die Übergänge zwischen Wahnsinn, Traum oder Rausch fließend und auch für den Leser nicht klar zu unterscheiden.

Im Verlauf des Märchens treten jedoch andere Formen des Wahnsinns auf. Als Anselmus in der Glasflasche eingesperrt ist, begegnet er weiteren eingesperrten Personen:

> „Der Student Anselmus wurde gewahr, dass neben ihm auf demselben Repositorium noch fünf Flaschen standen, in welchen er drei Kreuzschüler und zwei Praktikanten erblickte." (83.33–36)

Der Wahnsinn der geistigen Enge

Diese empfinden ihre Gefangenschaft jedoch im Gegensatz zu Anselmus nicht als quälend, sondern sind in fröhlicher Stimmung. Mehr noch: Sie führen in ihrer Selbstwahrnehmung sogar ein ganz normales bürgerliches Leben, lachen Anselmus aus und geben ihm zu verstehen, dass sie überhaupt nicht eingesperrt sind, sondern sich auf der Elbbrücke befinden und hinunter ins Wasser schauen (vgl. 84.28 ff.). Die Gefangenschaft in der Glasflasche steht somit nicht nur für eine körperliche Unfreiheit, sondern auch für die Begrenzung der geistigen Freiheit. Dass die betreffenden Personen diese gar nicht erkennen, deutet möglicherweise auf den kollektiven Wahnsinn der engstirnigen Bürger, die die Beschränktheit ihrer Weltsicht nicht zu durchschauen vermögen, hin.

Eine andere Form des kollektiven Wahnsinns zeigt sich bei der Punschgesellschaft im Hause von Konrektor Paulmann in der neunten Vigilie. Der Alkohol versetzt Konrektor Paulmann und Registrator Heerbrand in eine Art kollektiven Rausch:

„‚[…] aber bin ich in einem Tollhause? Bin ich selbst toll? – was schwatze ich denn für wahnwitziges Zeug? – ja ich bin auch toll – auch toll!‘ […] Da ergriffen der Student Anselmus und der Registrator Heerbrand die Punschterrine, die Gläser, und warfen sie jubelnd und jauchzend an die Stubendecke, dass die Scherben klirrend und klingend umhersprangen.“ (78.25–35)

Fließende Übergänge zwischen verschiedenen Seinszuständen

Die Szene zeigt, dass Hoffmanns Erzählung den Wahnsinn in vielfältiger Weise thematisiert, wobei die Übergänge zwischen Wahnsinn, Rausch und Traum fließend sind. Besonders betroffen sind Anselmus und Veronika. Beide erleben in ihrem Inneren das Überhandnehmen unbewusster Kräfte, die von Außenstehenden als wahnhaft diagnostiziert werden.

Liebe

Liebe und Wahnsinn liegen dicht beieinander

Auch die in Anselmus verliebte Veronika ist von dem Wunsch, seine Liebe zu gewinnen, so besessen, dass sie sogar versucht, Anselmus mithilfe der schwarzen Magie an sich zu binden. Die magischen Rituale scheitern jedoch bei dem Plan, ein bürgerliches Lebensziel zu verwirklichen. Anselmus zieht sich schließlich ganz in die Welt der Poesie zu Serpentina zurück, während Veronika sich auf ihre ursprüngliche Lebensplanung besinnt, nämlich Frau eines Hofrats zu werden. Dass sie dafür nicht die Frau von Anselmus, sondern von Registrator Heerbrand werden muss, spielt für sie keine maßgebliche Rolle, da das Ziel, sich mit dem Titel einer Hofrätin zu schmücken, über ihren gefühlsmäßigen Bedürfnissen steht.

Das serapiontische Prinzip

KURZINFO

Erzähltheoretische Richtlinien in formaler und inhaltlicher Hinsicht

- Der Begriff des serapiontischen Prinzips bezieht sich auf E. T. A. Hoffmanns Sammlung von Erzählungen und Märchen *Die Serapions-Brüder*, die als modellhaft für dieses Prinzip gilt.
- Es umfasst mehrere Einzelaspekte, die für die erzählende Literatur der Romantik eine entscheidende Rolle spielen.
- Dazu gehören: die Fähigkeit zur Imagination, eine die Sinne ansprechende Darstellungsweise und die Gleichberechtigung von Innen- und Außenwelt.
- Ein wesentlicher Aspekt ist, eine Erzählung zu einem synästhetischen Erlebnis zu machen.

Bei Hoffmanns *Serapions-Brüdern* handelt es sich um einen vierbändigen Zyklus von Erzählungen und Märchen (1819–21), die durch eine Rahmenhandlung miteinander verbunden sind. Sechs Freunde erzählen sich acht Abende lang phantastische, skurrile Geschichten. Als Vorbild für diese Erzählrunde dienten die Treffen der sogenannten „Serapionsbrüder“, einem literarischen Kreis um Hoffmann, zu dem die Schriftsteller J. E. Hitzig, D.F. Koreff und C. W. Salice-Contessa gehörten sowie teilweise auch Adelbert von Chamisso und Friedrich de la Motte Fouqué. Den Namen leiteten die Mitglieder vom heiligen Serapion ab, an dessen Namenstag, dem 14. November, Chamisso von einer Weltreise zurückkehrte.

Serapiontisches Prinzip umfasst verschiedene erzählerische Grundregeln

Aus der Sammlung lassen sich bedeutsame erzähltheoretische Aspekte in Bezug auf Form und Inhalt vieler Werke der Romantik ableiten, auch wenn diese damals wohl nicht als verbindliche Anforderungen galten. Vorrangig sind folgende Elemente:

- Innenwelt und Außenwelt, Phantasie und alltägliche Wirklichkeit stehen zwar einander gegenüber oder geraten in Konflikt miteinander, sind aber grundsätzlich gleich wichtig. So erweist sich beispielsweise die direkte Leseranrede im *Goldnen Topf* (vgl. etwa 28.5 ff., 59.1 ff., 96.11 ff.) als ein Gestaltungsprinzip, das die Märchenwelt mit der Alltagswirklichkeit verbinden soll.
- Insgesamt soll eine Erzählung ein synästhetisches Erlebnis darstellen, d.h. sie sollte ein persönliches Er-

leben mit allen Sinnen ermöglichen. Dieses Gestaltungsmerkmal zeigt sich im *Goldnen Topf* etwa 9.14 ff., 11.6 ff., 33.16 ff.

Die Funktion des Erzählers

KURZINFO

Wichtige Steuerungsfunktion des Erzählers

- Im Laufe der Erzählung wechselt im *Goldnen Topf* häufig die Erzählperspektive.
- Ein auktorialer Erzähler führt in die Handlung ein.
- Der Erzähler mischt sich immer wieder kommentierend und wertend in die erzählten Ereignisse ein.
- Er spricht mehrmals den Leser persönlich an, behandelt ihn als verständnisvollen Freund und bezieht ihn sogar in seinen dichterischen Prozess ein.
- Der Vorgang des Erzählens selbst wird zum Thema des Erzählers.

Ein auktorialer (allwissender) Erzähler führt den Leser in die erzählte Welt und deren Begebenheiten ein. Bereits die ersten Zeilen klingen wie ein Erzählerbericht, nicht wie der Anfang eines Märchens:

> „Am Himmelfahrtstage, nachmittags um drei Uhr, rannte ein junger Mensch in Dresden durchs Schwarze Tor, und geradezu in einen Korb mit Äpfeln und Kuchen hinein, die ein altes hässliches Weib feil bot, so, dass alles, was der Quetschung glücklich entgangen, hinausgeschleudert wurde, und die Straßenjungen sich lustig in die Beute teilten, die ihnen der hastige Herr zugeworfen." (5.4–10)

In kurzer und sachlicher Weise werden dem Leser die wichtigsten Informationen zu den Geschehnissen mitgeteilt und die Hauptperson vorgestellt. Es entsteht der Eindruck, als berichte eine außenstehende Person. Dabei steht der Erzähler dem Geschehen jedoch nicht neutral gegenüber, denn er mischt sich kommentierend in die Handlung ein, wie z. B. der nachträgliche Einschub des Namens des Studenten (vgl. 5.24 f.) oder Kommentare wie „lächerliches Abenteuer" (5.33 f.) oder „ganz aus dem Gebiete aller Mode liegender Anzug" (6.5 f.) zeigen.

Auktorialer Erzähler spricht den Leser direkt an

Eine Besonderheit der Erzählweise zeigt sich zu Beginn der vierten Vigilie, als sich der Erzähler plötzlich direkt an den Leser wendet:

> „Wohl darf ich gerade zu dich selbst, günstiger Leser! Fragen, ob du in deinem Leben nicht Stunden, ja Tage und Wochen

> hattest, in denen dir all dein gewöhnliches Tun und Treiben ein recht quälendes Missbehagen erregte und in denen dir Alles, was dir sonst recht wichtig und wertes in Sinn und Gedanken zu tragen vorkam, nun läppisch und nichtswürdig erschien?" (28.5–11)

An dieser Stelle unterbricht der Erzähler seinen Bericht und greift direkt in den Erzählvorgang ein. Dies führt beim Leser zunächst einmal zu Verwirrung, fördert aber zugleich seine Teilnahme am Geschehen, indem es ihn unmittelbar einbezieht. Die Erzählung selbst wird zum Gegenstand des Erzählers. Das zerstört einerseits die Fiktion der Erzählung, schafft jedoch andererseits eine gewisse Authentizität der erzählten Ereignisse (vgl. Koch 2003, S. 6f.).

Vorgang des Erzählens wird zum Gegenstand des Erzählers

Die direkte Leseransprache findet sich noch an drei weiteren Stellen der Erzählung. In der siebenten Vigilie versetzt der Erzähler den Leser kurzerhand in die Handlung hinein und spielt mit ihm eine mögliche Handlungsalternative durch, die er jedoch wieder verwirft (vgl. 57ff.). In der zehnten Vigilie wird der Leser nochmals vom Erzähler aufgefordert, sich konkret in die geschilderten Ereignisse, Gefühle und Gedanken hineinzuversetzen:

> „Mit Recht darf ich zweifeln, dass du, günstiger Leser! jemals in einer gläsernen Flasche verschlossen gewesen sein solltest, es sei denn, dass ein lebendiger neckhafter Traum dich einmal mit solchem feeischen Unwesen befangen hätte. War das der Fall, so wirst du das Elend des armen Studenten Anselmus recht lebhaft fühlen; hast du aber auch dergleichen nie geträumt, so schließt dich deine rege Fantasie mir und dem Anselmus zu Gefallen wohl auf einige Augenblicke in das Kristall ein." (82.14–22)

An dieser zentralen Stelle des Märchens soll sich der Leser in die Situation und Verfassung des Studenten Anselmus in der Kristallflasche einfühlen und sich den qualvollen Zustand vorstellen. Dabei geht der Erzähler davon aus, dass dem Leser eine solche Situation höchstens vielleicht im Traum begegnet ist. Daher versucht er mithilfe seiner anschaulichen Schilderung, dem Leser eine klare Vorstellung zu ermöglichen.

Leser soll sich durch lebhafte Schilderung in Anselmus' Situation hineinversetzen

Die vierte und letzte Leseranrede findet zu Beginn der zwölften Vigilie statt:

> „Aber vergebens blieb alles Streben, dir, günstiger Leser, all die Herrlichkeiten, von denen der Anselmus umgeben, auch nur einigermaßen in Worten anzudeuten. Mit Widerwillen gewahrte ich die Mattigkeit jedes Ausdrucks. Ich fühlte mich befangen in den Armseligkeiten des kleinlichen Alltagslebens, ich erkrankte in quälendem Missbehagen, ich schlich umher wie ein Träumender, kurz, ich geriet in jenen Zustand des Studenten Anselmus, den ich dir, günstiger Leser! In der vierten Vigilie beschrieben. Ich härmte mich recht ab, wenn ich die eilf Vigilien, die ich glücklich zustande gebracht, durchlief, und nun dachte, dass es mir wohl niemals vergönnt sein werde, die zwölfte als Schlussstein hinzuzufügen, […]." (96.10–23)

Leser wird zum Vertrauten des Erzählers

Hier macht der Erzähler den Leser zu seinem Vertrauten, mit dem er seine Schaffenskrise als Dichter teilen kann. Mit einem Brief des Archivarius endet die direkte Anrede des Erzählers an den Leser. Dabei scheint sich die abschließende Frage des Archivarius an den Erzähler „Ist denn überhaupt des Anselmus Seligkeit etwas anderes als das Leben in der Poesie, der sich der heilige Einklang aller Wesen als tiefstes Geheimnis der Natur offenbaret?" (102) gleichfalls an den Leser zu richten und eine zustimmende Antwort zu implizieren. Sämtliche Situationen, in denen der Erzähler den Leser direkt anspricht, vermitteln eine scheinbare Bezugnahme auf die reale Welt des Lesers, d. h. sie heben die Grenze zwischen fiktionaler Welt und Leserwirklichkeit auf und verleihen der Erzählung den Anschein von Authentizität.

Der Schreibprozess als Wandlungsprozess

Gleiches gilt für die Inhaltsangaben zu Beginn jeder Vigilie. Ebenso wie die direkten Leseransprachen bewirken sie eine Brechung des Märchencharakters. Die Vorauswahl der in den Zusammenfassungen erwähnten Ereignisse erweckt den Anschein, als habe bereits eine Reflexion der angekündigten Handlung stattgefunden. Die Gestaltung der Erzählperspektive steuert und verstärkt die Auflösung der Grenze zwischen Realität und Märchenwelt.

Häufiger Wechsel der Erzählperspektive

Der Perspektivenwechsel, der die Gesamthandlung kennzeichnet, zeigt sich auch im Hinblick auf die Hauptfigur. So wechselt die auktoriale Erzählperspektive zur personalen, wenn Anselmus' Gedanken, Gefühle und Wahrnehmungen im Vordergrund stehen und dem Leser unmittelbar veranschaulicht werden sollen. Das ist gleich zu Beginn der Fall, als sich Anselmus nach seinem Missgeschick mit dem Apfelkorb unter einen Holunderbaum zurückzieht (vgl. 7f.). Hier führt er ein Selbstgespräch, das dem Leser sein persönliches Erleben der Situation direkt vermittelt.

Am Schluss des Märchens wandelt sich die Erzählperspektive in eine Ich-Erzählsituation. Der Ich-Erzähler reflektiert aus seiner Sicht den gesamten Erzählprozess des Märchens mit allen seinen Höhen und Tiefen:

> „Ich härmte mich recht ab, wenn ich die eilf Vigilien, die ich glücklich zustande gebracht, durchlief, und nun dachte, dass es mir wohl niemals vergönnt sein werde, die zwölfte als Schlussstein hinzuzufügen […]." (96.19–23)

Der Brief des Archivarius an den Erzähler hebt die Grenze zwischen dem Erzähler und seiner Geschichte schließlich vollständig auf. Mithilfe seiner Märchenfigur vermag der Erzähler seine Geschichte zu vollenden. Dieses „polyphone Erzählen" (Wührl 1988, S. 97) unterstützt die Mehrdeutigkeit der Erzählung. So vermittelt die personale Erzählsituation die fiktionale Geschichte mit ihren Figuren. Die auktoriale Erzählsituation mit ihren Interventionen hebt stellenweise die Erzähldistanz auf, lässt aber die Fiktion als solche bestehen. Am Schluss präsentiert sich der Entstehungsprozess des Märchens als ein ähnlicher Wandlungsprozess wie der, den die Figur Anselmus im Handlungsverlauf durchlebt. Der Erzähler entwickelt sich wie seine Hauptfigur zum Schriftsteller, dem es gelingt, sein Werk zu vollenden. Daher steht das Märchen letztendlich als Sinnbild für den Schreibprozess an sich und für die Macht der Poesie als Medium einer Befreiung von den „Armseligkeiten des bedürftigen [d. h. unvollkommenen] Lebens" (101.30).

Zusammenfassungen des Inhalts suggerieren Reflexion der Handlung

Ironie

KURZINFO

Wichtigstes Stilmittel

- Ironie zeigt sich im Wechsel zwischen realer und magischer Welt.
- Weitere ironische Brechungen entstehen durch das Verhalten des Erzählers.
- Hoffmanns Verwendung von Ironie lässt bereits die Ironie des Realismus erkennen.

Romantische Ironie

Der Begriff der Ironie wird als poetologischer Terminus erst in der Frühromantik bedeutsam. Die „romantische Ironie" ist nach Friedrich Schlegel „die Kunst, sich über alles, auch über die eigene Kunst, Tugend oder Genialität zu erheben" (zit. nach: *Kritische Friedrich-Schlegel-Ausgabe*, Bd. 2, S. 152). Die große Bedeutung der Ironie im *Goldnen Topf* betont Hoffmann selbst in einem Brief an seinen Verleger C. F. Kunz: „Ohne Säumnis schicke ich Ihnen in der Anlage das vollendete Märchen mit dem herzlichen Wunsche, dass es Ihnen in seiner durchgehaltenen Ironie Vergnügen gewähren möge!" (E. T. A. Hoffmann, *Sämtliche Werke*, Bd. 6: *Späte Posa, Briefe, Tagebücher und Aufzeichnungen, juristische Schriften. Werke 1814–1822*, Frankfurt a. M.: Deutscher Klassiker Verlag 2004, S. 18)

Ironie entsteht zum einen durch den ständigen Wechsel zwischen Alltagswelt und Märchenwelt, wobei der Leser jeweils abrupt aus dem Phantastischen herausgerissen und in den profanen Alltag zurückgeworfen wird. Auch die Reflexionen des Erzählers sorgen für ironische Brechungen, wie z. B. an der Stelle, als der Erzähler dem Leser vom eigenen Scheitern berichtet: „Aber vergebens blieb alles Streben, dir, günstiger Leser, all die Herrlichkeiten, von denen der Anselmus umgeben, auch nur einigermaßen in Worten anzudeuten." (96.10 f.)

Die Ironie des Realismus kündigt sich an

Hoffmann geht jedoch noch weiter als die Romantiker. Seine ironische Darstellung im *Goldnen Topf* erinnert bereits an die Ironie des Realismus ab Mitte des 19. Jahrhunderts. Das lässt sich insbesondere an der Darstellung des Dresdner Bürgertums mit seiner begrenzten Sichtweise in Bezug auf die Welt erkennen. Alle Personen aus dem bürgerlichen Milieu werden von Hoffmann als kleingeistig, materialistisch und oberflächlich charakterisiert. Dabei nimmt die Schilderung deutlich karikierende Züge an.

Auch die Überschneidungen zwischen dem Reich der Phantasie und der Alltagswelt gipfeln in einer ironischen Überzeichnung wie beispielsweise in jener komisch-grotesken Episode, als Archivarius Lindhorst mit Anselmus, Heerbrand und Paulmann zusammensitzt und Familiengeschichten erzählt:

Ironische Überzeichnung der Begegnung zwischen realer und magischer Welt

> „‚Ei, wie das? Haben Sie denn einen Bruder, Herr Archivarius? – wo ist er denn – wo lebt er denn? Auch in königlichen Diensten, oder vielleicht ein privatisierender Gelehrter?' – so fragte man von allen Seiten. – ‚Nein!', erwiderte der Archivarius, ganz kalt und gelassen eine Prise nehmend, ‚er hat sich auf die schlechte Seite gelegt und ist unter die Drachen gegangen.' […] ‚Sie wissen, meine Herren, dass mein Vater vor ganz kurzer Zeit starb, es sind nur höchstens dreihundertundfünfundachtzig Jahre her, weshalb ich auch noch Trauer trage […].'" (24.20–35)

Das Ende des Märchens enthält eine fast tragisch zu nennende Ironie. Während Anselmus bereits in der zehnten Vigilie nach Atlantis aufbricht, bleibt der Erzähler mitsamt dem Leser zurück in dem unauflösbaren Konflikt zwischen der kleinbürgerlichen Existenz und der Vision einer idealen Welt im – eigentlich unerreichbaren und nur in der Sage existierenden – Atlantis (vgl. Cieslak 2006, S. 5 f.).

Tragische Ironie: Der Leser bleibt mit unauflösbarem Konflikt zurück

Die Sprache des Märchenhaften

KURZINFO

Die Sprache als „sinnliches" Phänomen

- Den Märchenelementen im *Goldnen Topf* lassen sich bestimmte Merkmale der Sprache zuordnen.
- Stilmittel sind etwa Lautmalereien wie Alliterationen, Reime, Wiederholungen oder die Verwendung verschiedener Metren.
- In der Schilderung des Phantastischen lassen sich häufig Synästhesien finden, d. h. Wahrnehmungen, die mehrere Sinne zugleich ansprechen.

Die märchenhaften Aspekte der Handlung im *Goldnen Topf* sind durch ihre besondere sprachliche Gestaltung

Alliterationen und Stabreime

betont. Das Außergewöhnliche zeigt sich in außergewöhnlichen Ausdrucksweisen wie etwa synästhetischen Wahrnehmungen, die zusätzlich durch besondere sprachliche Klangeffekte verstärkt werden: „Zwischendurch – zwischenein – zwischen Zweigen, zwischen schwellenden Blüten, schwingen, schlängeln, schlingen wir uns – […]“ (9.27 ff.) oder „Rette – rette – Raub – Raub!“ (86.33 f.). Die magisch-suggestive Wirkung solcher Zaubersprüche und Beschwörungen resultiert vor allem aus den Wiederholungen einzelner Wörter oder Wortgruppen: „Ich bin dir nahe – nahe – nahe!“ (53.5 f.) oder „Frisch – frisch ’raus – zisch aus, zisch aus“ (87.14 f.). Teilweise sind die Wiederholungen verknüpft mit Endreimen wie „klingkling – Jüngling – flink – flink – spring – spring – klingling“ (47.25 f.) oder „Ja renne – renne nur zu, Satanskind – ins Kristall bald dein Fall – ins Kristall!“ (5.19 f.) Die Prophezeiung des Äpfelweibs sticht zusätzlich durch die Verwendung eines bestimmten Metrums (zwei Anapäste) und die Lautmalerei der *a*-Vokale klanglich hervor.

Wiederholungen und Endreime

Anapäst: aus zwei Kürzen und einer Länge bestehender Versfuß

Synästhesie

Die Schilderungen der phantastischen Welt sprechen jedoch nicht nur durch Lautmalereien verschiedene Sinne an, sondern die darin verwendeten Bilder verbinden Elemente aus verschiedenen Sinnesbereichen wie z. B. „Blumen und Blüten dufteten um ihn her, und ihr Duft war wie ein herrlicher Gesang von tausend Flötenstimmen“ (11.6–8) oder „wunderbare Musik des Gartens […] mit süßen lieblichen Düften“ (65.30–32).

Epochen- und gattungstheoretische Einordnung

Zwischen Romantik und Realismus

KURZINFO

Ein Werk des Übergangs

- *Der goldne Topf* wird der Epoche der Romantik zugeordnet.
- Dafür sprechen die Märchengattung, die Doppelgänger-Thematik, Bezüge zur romantischen Naturphilosophie, der Konflikt zwischen Künstler und bürgerlicher Welt sowie die romantische Ironie.
- Es gibt jedoch Anzeichen dafür, dass *Der goldne Topf* als Übergangswerk zum Realismus gelten kann.
- Dafür spricht die Einordnung der Erzählung in die Sammlung *Fantasiestücke in Callot's Manier*, deren Titel bereits die Überspitzung der romantischen Elemente ankündigt.

Der goldne Topf als Werk der Romantik

Da sich zahlreiche charakteristische Merkmale der Romantik in *Der goldne Topf* finden, wird das Werk zu Recht dieser Epoche zugeordnet: Es galt beispielsweise in der Romantik die Maxime, dass alles Poetische auch märchenhaft sein muss. Ebenfalls typisch für die Romantik ist die Doppelgänger-Thematik wie im Falle des Archivarius oder des Äpfelweibs, die sowohl als Mitglieder der bürgerlichen Gesellschaft und als Zauberwesen auftreten. Auch einzelne Vorstellungen aus der Naturphilosophie spielen stellenweise eine Rolle, wie etwa in den Elementen Wasser und Erde oder dem Vorkommen von Elementargeistern, sagenhaften Wesen, die den Elementen vorstehen (vgl. 67.31). All diese Aspekte sind im Zusammenhang mit dem Gesamtkonzept der Romantik zu verstehen, dass die Natur einen hochkomplex vernetzten, im Einklang befindlichen Organismus darstellt. Auch die Thematik Künstler versus Spießbürger ist kennzeichnend. So veranschaulicht Anselmus' Schicksal die epochentypische Unvereinbarkeit der weltlichen Anforderungen eines bürgerlichen Lebens mit den ästhetischen Ansprüchen eines Künstlers. In sprachlicher Hinsicht ist es vor allem die romantische Ironie, die den *Goldnen Topf* zu einem Werk der Romantik macht (vgl. S. 64f.).

Der goldne Topf als Übergangswerk zum Realismus

Allerdings gibt es auch einige Hinweise darauf, dass *Der goldne Topf* bereits als Übergangswerk zum Realismus gelten kann. So wird die Gattung Märchen von Hoffmann in einer ganz neuen Art und Weise gestaltet, als es bislang üblich war. Das belegen z. B. die Brüche in der Erzählperspektive. *Der goldne Topf* ist der dritte Band einer vierbändigen Sammlung, die ganz unterschiedliche Texte unter dem programmatischen Titel *Fantasiestücke in Callot's Manier* (1814/15) zusammenfasst. Jacques Callot (1592–1635) war ein französischer Zeichner und Radierer. Hoffmann fühlte sich ihm geistig sehr verbunden und wollte ihn daher zum einen besonders würdigen, zum anderen seine kühne Erzählweise an ihm orientieren. Ihn faszinierten besonders die „verwirrende, aller Kunstordnung zuwiderlaufende Vielfalt und das widersprüchliche Ineinander der Kompositionselemente" (Wührl 1988, S. 101 f.). Diese Darstellungsweise versuchte Hoffmann sprachlich umzusetzen und lässt so eine rätselhafte Spannung zwischen der mystischen Welt und der Alltagswirklichkeit entstehen, die sich sogar am Ende des Märchens nicht auflöst. Dennoch wird die Realität im *Goldnen Topf* in „Callot's Manier" so vom Wunderbaren belebt und durchdrungen, dass in ihr das Phantastische zum Durchbruch zu gelangen vermag.

Es fällt aber auf, dass im *Goldnen Topf* ursprünglich romantische Elemente so überspitzt dargestellt werden, dass sie nicht mehr als romantisch bezeichnet werden können:

> „So wird aus dem Sonderling Lindhorst der Geisterfürst und aus dem schwärmerischen Pechvogel Anselmus ein Auserwählter. Erzählen in ‚Callots Manier' heißt also, die ‚Wirklichkeit zunächst so grotesk wie möglich zu machen, um mit der Wahrheit desto mehr zu überraschen." (Paul-Wolfgang Wührl, *E. T. A. Hoffmann. „Der goldne Topf"*, Paderborn: Schöningh 1988, S. 102)

Diese überspitzte Darstellung wird wechselweise als „romantische Karikatur" oder „phantastischer Realismus" bezeichnet (vgl. ebd.).

Märchen oder Entwicklungsroman?

KURZINFO

Synthese von Märchen und Entwicklungsroman

- Bereits der Untertitel zu *Der goldne Topf* verweist auf die Gattung „Märchen".
- Es handelt sich jedoch nicht um eine klassische Märchendichtung im Sinne des Volksmärchens; auch ein Verständnis als Kunstmärchen greift zu kurz.
- Zutreffender scheint der von Richard Benz 1908 geprägte Begriff des „Wirklichkeitsmärchens".
- Dem Wirklichkeitsmärchen liegt eine reale, räumlich und zeitlich festgelegte Handlung zugrunde, die eng mit den Erfahrungen aus der Märchenwelt verbunden ist.
- Es enthält aber auch Elemente des Entwicklungsromans, indem es den Entwicklungsprozess der Hauptfigur widerspiegelt.

> „Der goldene Topf ist ein Entwicklungsroman in Märchenform, ein reflektierter Märchenroman. Diese Sichtweise fügt zu der – von der Kritik von Beginn an gesehenen – bedeutenden Rolle des Werkes in der Geschichte der Gattung ‚Märchen' eine zweite, mindestens ebenso bedeutende hinzu: in der Geschichte des romantischen Romans und der Gattung des Romans in Deutschland im 19. Jahrhundert." (Hartmut Steinecke [u. a.], Hrsg., „Kommentar", in: E. T. A. Hoffmann, *Sämtliche Werke*, Bd. 2,1: *Fantasiestücke in Callot's Manier. Werke 1814*, Frankfurt a. M.: Deutscher Klassiker Verlag 1993, S. 777)

Merkmale zweier Textsorten

Die voranstehende Erläuterung nennt bereits beide Textgattungen, deren Merkmale im *Goldnen Topf* zu erkennen sind. Dass Märchen und Entwicklungsroman ganz unterschiedliche Kriterien beinhalten, die sich teilweise sogar widersprechen, macht u. a. den besonderen Reiz dieser Erzählung aus.

Der Autor gibt dem Leser bereits im Untertitel die literarische Gattung des Textes vor, nämlich „Ein Märchen aus der neuen Zeit". Mit der näheren Bestimmung „aus der neuen Zeit" wird der Leser darauf vorbereitet, dass es sich nicht um ein klassisches Volksmärchen im Sinne der Gebrüder Grimm handelt. Vielmehr lässt ihn die vage Zeitangabe im Unklaren, was er von der Geschichte zu erwarten hat – eine Irritation, die dem Leser im Verlauf seiner Lektüre immer wieder aufs Neue begegnen wird. Die Diskrepanz zur Märchentradition bestätigt sich auch am Beginn der Erzählung, der nicht mit dem vertrauten „Es war einmal" einsetzt, sondern mit einer klaren Zeit- und Ortsangabe: „Am Himmelfahrtstag, nachmittags um drei Uhr rannte ein junger Mensch in Dresden durchs Schwarze Tor" (S.4f.). Auch die Einteilung der Geschichte in zwölf Vigilien mit ihren kurzen Inhaltszusammenfassungen ist nicht typisch für ein Märchen.

Märchenfiguren erleben keine innere Entwicklung

Die einfache Herkunft des Protagonisten ebenso wie die Tatsache, dass es sich bei ihm um einen etwas ungeschickten jungen Mann mit kindlichem Gemüt handelt, entspricht dagegen durchaus der Märchentradition. Allerdings sind die Charaktere von Märchenfiguren in der Regel nicht differenziert dargestellt und sie verändern sich im Laufe der Handlung nicht. Dieses Kennzeichen gehört zu den wesentlichen Merkmalen eines Entwicklungsromans. Anselmus erlebt im Lauf der Erzählung eine Wandlung vom einfachen Studenten zum Dichter. Da diese Entwicklung ein ganz wesentlicher thematischer Aspekt des vorliegenden Märchens ist, lässt es sich zumindest ansatzweise dem Entwicklungsroman zuordnen, bei dem der Entwicklungsprozess der Hauptfigur im Vordergrund steht.

Weiterhin muss der Held im Märchen um seine auserwählte Frau kämpfen und erlebt nicht wie im *Goldnen Topf* einen Konflikt zwischen zwei Frauen, die beide mit allen Mitteln versuchen, seine Liebe zu gewinnen. Auch dieses Element entspricht eher der Gattung des Entwicklungsromans, in dem sich die Hauptfigur in einem inneren Zwiespalt befindet, der die persönliche Entwicklung in Gang setzt.

Erzähler mischt sich in das Geschehen ein

Die Gestaltung der Erzählsituation im *Goldnen Topf* bricht ebenfalls mit der traditionellen Erzählweise im Märchen. So mischt sich der Erzähler immer wieder in das Geschehen ein, bezieht Stellung und spricht den Leser einige Male direkt an. Dieser wird daher emotional viel tiefer in die Geschichte verwickelt, als dies bei einem Märchen üblicherweise der Fall ist. Insofern passt das vorliegende Märchen in die Kategorie des sogenannten Kunstmärchens, das sich in der Romantik herausgebildet hat, aber nicht einem bestimmten Formenkatalog entspricht. Vielmehr gibt es wiederkehrende Merkmale,

Der goldne Topf als Kunstmärchen

die das Kunstmärchen auszeichnen. Da ist zunächst der Wunsch, der als magische Kraft das Eintreten des Wunderbaren in die reale Welt möglich macht. In Bezug auf den *Goldnen Topf* bedeutet dies, dass Anselmus zu Beginn seine Defizite erkennt und sich wünscht, daraus befreit bzw. davon erlöst zu werden. Durch diesen Wunsch beschwört er das Wunderbare herauf, das mit magischen Kräften seine weltlichen Nöte beseitigt (vgl. Wührl 2012, S. 11 f.). Hoffmann selbst beschreibt dieses Phänomen so: „Die Idee so das ganz Fabulose, dem aber, wie ich glaube, die tiefere Deutung gehöriges Gewicht gibt, in das gewöhnliche Leben keck eintreten zu lassen [...]" (E. T. A. Hoffmann, *Sämtliche Werke*, Bd. 6, Frankfurt a.M.: Deutscher Klassiker Verlag 2004, S. 18).

Typisch für das Kunstmärchen ist auch die sogenannte „Schwellenüberschreitung" (Wührl 2012, S. 15), d. h. der Held tritt aus der realen Welt in die magische Welt durch einen besonders gekennzeichneten Eingang, wie in Anselmus' Fall das Schwarze Tor. Desgleichen finden sich im *Goldnen Topf* zahlreiche märchentypische Requisiten, wie magische Spiegel, Kristalle oder magische Tinte. Diese Objekte unterscheiden sich jedoch von denen des Volksmärchens vor allem dadurch, dass sie wegen der Häufigkeit ihres Vorkommens an Bedeutsamkeit einbüßen. Zudem haben die Figuren des Kunstmärchens ein ausgeprägtes Innenleben, d. h. sie nehmen Sinneseindrücke wahr, reflektieren die Handlung und reagieren darauf.

Weiterentwicklung zum sogenannten „Wirklichkeitsmärchen" (Benz)

Diese Merkmale des Kunstmärchens hat E. T. A. Hoffmann jedoch in einer Weise differenziert, dass in der Sekundärliteratur teilweise sogar von einer neuen Form des Kunstmärchens gesprochen wird, die er mit seinem Stil geschaffen haben soll, nämlich dem sogenannten „Wirklichkeitsmärchen" (Richard Benz, *Märchen-Dichtung der Romantiker*, Gotha 1908, S. 142 ff.). Grundsätzlich lässt sich daher sagen, dass es Hoffmann wie kaum einem anderen gelungen ist, „die alltägliche Erfahrungswirklichkeit mit einer phantastischen Gegenwelt so raffiniert [zu] vermisch[en], daß die Übergangszonen nicht mehr eindeutig auszumachen sind" (Wührl 1988, S. 101).

Schluss bricht mit Märchentradition

Auch der Schluss bricht wiederum mit der Märchentradition, denn *Der goldne Topf* endet nicht mit dem Ausblick darauf, dass die Figuren glücklich bis an ihr Ende leben, sondern es heißt ganz lapidar: „Ende des Märchens". Anselmus' Verschwinden nach Atlantis ist nur ein scheinbares Happy End, da es keine wirkliche Veränderung der Gesamtsituation darstellt, denn der Konflikt zwischen bürgerlicher Existenz und Künstlerdasein bleibt bestehen. Das vermeintliche Märchenende mit der Verlobung Veronikas und Anselmus' Vermählung mit Serpentina täuscht eine endgültige Lösung vor. Paulmann, Heerbrand und Veronika bleiben in ihrer begrenzten Welt zurück, ebenso der noch immer nicht erlöste Archivarius Lindhorst und letztendlich auch der Erzähler mit seinem Leser.

E. T. A. Hoffmann und *Der goldne Topf*

Zeitgeschichtlicher Hintergrund

KURZINFO

Napoleonische Befreiungskriege und preußische Reformen

- Das Schaffen E. T. A. Hoffmanns fällt in eine politisch sehr bewegte Zeit.
- Hoffmann ist direkt von den preußischen Reformen betroffen.
- Zur Zeit der Befreiungskriege befindet er sich in Dresden und Leipzig.
- Die aktuelle politische Situation hinterlässt jedoch keine Spuren im Märchen vom *Goldenen Topf*.
- Vielmehr bildet die Erzählung einen Gegenpol zu den realen Begebenheiten.

Hoffmanns schriftstellerische Tätigkeit fällt in eine politisch sehr bewegte und von Umbrüchen geprägte Zeit. Als preußischer Beamter war er selbst sowohl vom Zusammenbruch Preußens als auch späteren vielfältigen Reformen unmittelbar betroffen. Nachdem Napoleon den preußischen Bündnispartner Russland geschlagen hatte, musste Preußen im Frieden von Tilsit 1807 große territoriale Verluste hinnehmen. E. T. A. Hoffmann verlor sein Amt als Regierungsrat in Warschau, da er sich weigerte, einen Treueeid auf Napoleon zu leisten (vgl. Wührl 2004, S. 110). Daraufhin zog er nach Bamberg, wo er sich einige Jahre mühsam als Kapellmeister am Theater durchschlug.

Preußische Reformen

Um sich wieder als starke politische Macht zu etablieren, musste Preußen sein überlebtes System reformieren. Um diese Neuerungen einzuführen, fand in der Zeit zwischen 1807 und 1814 eine „Revolution von oben" statt. So sollte eine blutige Revolution aus dem Volk, wie sie in Frankreich stattgefunden hatte, vermieden werden. Unter Federführung des Freiherrn vom Stein wurden als wichtigste Reformen die Bauernbefreiung (1807), die Verwaltungsreform (1808) und die Städteordnung (1808) durchgeführt. Die Bauernbefreiung beinhaltet die Aufhebung der Erbuntertänigkeit und die Garantie der persönlichen Freiheit. Mit der Verwaltungsreform wird ein Fachministerium mit den Ressorts Inneres, Finanzen, Außenpolitik, Krieg und Justiz eingerichtet. Zugleich wird die Verwaltung durch die Aufteilung des Staates in

Provinzen, Regierungsbezirke und Kreise zentralisiert. Die Städteordnung beinhaltet eine Selbstverwaltung der Städte durch die Wahl einer Stadtverordnetenversammlung, die wiederum den Magistrat der Stadt wählt.

Nach dem Sturz des Freiherrn vom Stein wurden die Reformen von Karl August von Hardenberg weitergeführt. Es folgten 1811 die Aufhebung der Zünfte, 1812 die Judenemanzipation, von 1808 bis 1814 die Heeresreform und 1809/10 die Bildungsreform. Die Aufhebung der mittelalterlichen Zunftordnung förderte den freien Wettbewerb. Die Judenemanzipation bedeutete die Anerkennung der Juden als gleichberechtigte Staatsbürger. Die Heeresreform beinhaltete unter anderem die Einführung der allgemeinen Wehrpflicht, die Armee und Nation enger miteinander verbinden sollte. Die Bildungsreform sollte die geistigen Bedingungen für die gesamte Erneuerung Preußens schaffen. Diese Reformen schafften in kurzer Zeit die wesentlichen Voraussetzungen für eine Modernisierung Preußens und seinen Wiederaufstieg.

Befreiungskriege

Das Märchen vom *Goldnen Topf* entsteht in einem Zeitraum zwischen Juli 1813 und Februar 1814. Hoffmann hält sich zu dieser Zeit in Dresden und Leipzig auf, wo er die Musikdirektorenstelle in Joseph Secondas Operngesellschaft übernimmt. So erlebt er hautnah die sogenannten Befreiungskriege mit, die nach Napoleons Niederlage im Russlandfeldzug 1812 beginnen. Die Völkerschlacht bei Leipzig im Oktober 1813 besiegelt schließlich das Ende der napoleonischen Herrschaft. Doch all die politischen und gesellschaftlichen Ereignisse spiegeln sich nicht im Märchen wider, obwohl Hoffmann von der Zeitgeschichte persönlich betroffen ist, wie seine Briefe dokumentieren. Umso erstaunlicher ist es, dass er inmitten der Widrigkeiten seiner Zeit ein Märchen verfasst, das von Liebe und Magie handelt. Die Vermutung liegt nahe, dass es als Gegenpol zu einer unruhigen, unsicheren Gegenwart zu verstehen ist, als Flucht vor einer rauen Wirklichkeit.

Politische Bezüge?

Dem widersprechen jedoch manche Literaturwissenschaftler, die durchaus politische Bezüge im *Goldnen*

Topf feststellen konnten, wenn auch in indirekter Art und Weise. So wird beispielsweise Anselmus' ungeschicktes Verhalten zu Beginn des Märchens als Verstoß gegen die damalige Verhaltensmaxime des rationalen und zweckmäßigen Handelns gedeutet, was seine Außenseiterrolle in der Gesellschaft anzeigt (vgl. Neubauer 2005, S. 45). Auch die Darstellung des Unheimlichen in *Der goldne Topf* wird als Parabel auf die zeitgenössische politische Situation verstanden. Archivarius Lindhorst, ein weiser alter Meister, steht bösen, rücksichtslosen Mächten gegenüber – vergleichbar den Kräften der Staatsmacht, die mit ihren Bemühungen zur Wiederherstellung der alten Ordnung das Leben des Einzelnen bedrohen.

Autobiographischer Hintergrund

KURZINFO

Einfluss der Bamberger Jahre

- Persönliche Ereignisse aus Hoffmanns Leben fanden Eingang in das Märchen vom *Goldnen Topf*.
- Besonderen Einfluss hatten die Jahre in Bamberg.
- Hoffmanns Bamberger Lebensstil erinnert an den Studenten Anselmus.
- Seine Angebetete, Julia Marc, stellt das Ebenbild von Serpentina und Veronika dar.
- Ein Türknauf an einem Bamberger Haus bildet die Vorlage für den in die Fratze des Äpfelweibs verwandelten Türklopfer des Archivarius.

Neben den prägenden Einflüssen auf E. T. A. Hoffmann, die die politisch unruhigen Zeiten und neuen geistigen und wissenschaftlichen Strömungen mit sich brachten, gab es auch ganz persönliche Ereignisse in seiner Biographie, die sich im *Goldnen Topf* widerspiegeln. Das sind vor allem die Jahre in Bamberg, die Hoffmann als wenig erfreulich empfand. Wie bereits erwähnt musste er sich hier eine Zeitlang mühsam mit wechselnden Arbeiten durchschlagen, nachdem er die Stelle des Orchesterleiters am Bamberger Theater bereits nach wenigen Wochen wieder verloren hatte. So lebte er, dem armen Studenten Anselmus vergleichbar, bescheiden im Obergeschoss eines kleinen Häuschens am Zinkenwörth 50, dem heutigen Schillerplatz 26. Dennoch verkehrte er freundlichschaftlich mit dem Bamberger Patriziat, was an Anselmus und seine Verbindung zu Konrektor Paulmann erinnert.

Hoffmanns unerfüllte Liebe zu Julia Marc

Hinzu kommt die hoffnungslose Leidenschaft zu einer seiner Gesangsschülerinnen, der zwanzig Jahre jüngeren Julia Marc. Die fünfzehnjährige Julia findet sich mit ihren dunkelblauen Augen sowohl in der Figur der Serpentina als auch in der Veronikas wieder. Hoffmann hat die von ihm idealisierte Julia in die zwei Persönlichkeitsaspekte des Bürgermädchens und der romantischen Märchengestalt aufgespalten und diese Gegensätze zwei literarischen Figuren zugeordnet, zwischen denen der Protagonist hin und her gerissen ist. Auch die Stadt Bamberg selbst lässt sich in manchen Einzelheiten des Märchens vom *Goldnen Topf* erkennen, und zwar vor allem in der Gestalt des Türklopfers, der die Vorlage für die Fratze des „Äpfelweibs" lieferte. Dieser ist noch heute am Haus Nr. 14 in der Eisgrube hinter dem Dom in Kopie angebracht (vgl. die Abbildung S. 53).

So fasst Hoffmann wohl auch bereits in Bamberg den Entschluss, eine Geschichte zu schreiben, in der es um einen Pechvogel geht, der ständig von einem Unglück ins nächste gerät (vgl. Wührl 1988, S. 11 ff.).

KURZINFO

Künstlerische Einflüsse

- Wichtige literarische Anregungen für den *Goldnen Topf* erhielt Hoffmann aus der Märchen- und Operntradition.
- Besonders Mozarts *Zauberflöte* inspirierte ihn.
- Das bedeutsamste literarische Werk der Romantik war für ihn der fragmentarische Roman *Heinrich von Ofterdingen* von Novalis.
- Weiterhin beeinflusste ihn die in den Schriften seines Zeitgenossen Schubert dargestellte Naturphilosophie.

Einflüsse aus der Märchen- und Operntradition

Die wichtigsten Anregungen für die Grundidee zu seinem Märchen *Der goldne Topf* erhielt Hoffmann sicherlich aus der Märchen- und Operntradition. Eine besondere Rolle für seine Märchenvorstellung spielte aber die seit dem frühen 18. Jahrhundert in Europa verbreitete arabische Sammlung *Tausendundeine Nacht*, und zwar vor allem im Hinblick darauf, in welchem Umfang in diesen Märchen die Alltagsrealität abgebildet ist (vgl.

E. T. A. Hoffmann, *Sämtliche Werke*, Bd. 2,1, „Kommentar“, S. 754 f.).

Als wichtige Inspirationsquelle galten ihm auch jene Opern, die sich märchenhafter Elemente bedienen. Bedeutendstes Beispiel dafür ist Mozarts *Zauberflöte*, die er während seiner Arbeit am *Goldnen Topf* mehrfach dirigierte.

Das wohl bedeutsamste Werk für die Entstehung seines Märchens war aber wohl das Romanfragment *Heinrich von Ofterdingen* von Novalis (1802 postum veröffentlicht), in dem das sagenhafte Reich Atlantis eine Rolle spielt. Zudem war Novalis der Erste, der das Märchen in den Mittelpunkt seiner Betrachtungen zur Poetik stellte.

Einflüsse aus der romantischen Naturphilosophie

Weiterhin war Hoffmann sehr beeindruckt von den Schriften Gotthelf Heinrich Schuberts (1780–1860). Er lernte dessen Ideen vor allem zur Naturphilosophie vermutlich bereits in seinen Bamberger Jahren kennen und schätzen. Im *Goldnen Topf* bediente sich Hoffmann zahlreicher Bilder von Schubert, wie z. B. der Lilie oder des Jünglings Phosphorus.

KURZINFO

Psychologische Einflüsse

- Um die Wende zum 19. Jahrhundert entwickelten sich neue Strömungen innerhalb der Psychiatrie und Psychologie.
- E. T. A. Hoffmann begegnet ihnen durch seine Bekanntschaft mit zwei Bamberger Ärzten.
- Aus dieser Perspektive betrachtet könnten alle magischen und unheimlichen Vorkommnisse im *Goldnen Topf* reine Phantasievorstellungen des Studenten Anselmus sein.
- Der versöhnliche Märchenschluss wäre dann jedoch als düstere Prognose für das tragische Ende des Studenten zu deuten.

Nicht nur die politischen und gesellschaftlichen Geschehnisse haben E. T. A. Hoffmann beim Schreiben beeinflusst. Auch die Entstehung der modernen Psychologie um die Wende zum 19. Jahrhundert hinterließ Spuren in seinem Märchen. Konfrontiert wurde er in seiner Bamberger Zeit mit den damaligen Erkenntnissen durch seine Bekanntschaft mit dem medizinischen Vorsteher der Nervenheilanstalt „St. Getreu", Adalbert Friedrich Marcus, und dem Bamberger Arzt Friedrich Speyer. Beide Ärzte waren, wie später Johann Ferdinand Koreff, Hoffmanns Berater für alles, was mit Medizin und den Naturwissenschaften zusammenhing (vgl. Feldges 1986, S. 38). In geselliger Runde wurden psychologische und psychiatrische Probleme thematisiert und besprochen. So lässt sich etwa die damals entstandene Beschreibung schizophrener Symptome auf die Person des Studenten Anselmus übertragen. Betrachtet man das Märchen unter diesem Gesichtspunkt, wäre alles, was Anselmus als Begegnung mit der phantastischen Welt erlebt, eine Ausgeburt seiner Phantasie. Die Verwandlung des Türklopfers in eine Hexenfratze könnte als paranoide Vorstellung eines unter Verfolgungswahn Leidenden gedeutet werden, und das Eingesperrtsein in der Flasche könnte als Symptom einer Bewusstseins- und Wahrnehmungsstörung gelten. So gelesen schildert *Der goldne Topf* die zunehmende seelische Zerrüttung eines jungen Menschen, der sich immer mehr in seine Wahnvorstellungen verstrickt und schließlich in dieser Traumwelt versinkt. Auch der Schluss des Märchens würde aus dieser Perspektive eine völlig andere Bedeutung erhalten. Anselmus' plötzliches Verschwinden nach seiner Befreiung aus der Flasche könnte als Selbstmord gesehen werden, wobei sein Rückzug nach Atlantis sinnbildlich für das Ertrinken in der Elbe steht. Bei der Gondelfahrt in der zweiten Vigilie läuft Anselmus Gefahr, in den Fluss zu stürzen, weil er die „goldnen Schlänglein" (14.26) im Wasser zu erblicken meint und ihnen folgen will. Die Deutung dieser Begebenheit als Todeswunsch verkehrt jedoch den versöhnlichen Märchenschluss ins Gegenteil und eröffnet eine düstere, ja tragische Perspektive auf die Hauptfigur und ihre Entwicklung, die mit der positiven Entwicklung im Sinne des Entwicklungsromans nichts mehr gemeinsam hätte (vgl. Neubauer 2005, S. 41 ff.). Gerade die Vieldeutigkeit des Märchens aber macht einen Großteil seiner Faszination aus.

Anselmus' übernatürliche Erlebnisse als Symptom seiner Schizophrenie?

Anselmus' Verschwinden in Atlantis als Symbol für seinen Tod?

Rezeptionsgeschichte

Der goldne Topf gilt als eines der zentralen Werke der deutschen Romantik. Noch immer fasziniert der Text durch seine Vieldeutigkeit und die daraus resultierenden verschiedenartigen Interpretationsansätze. Ebenso vielseitig wie das Werk selbst erweist sich auch die Rezeptionsgeschichte des Märchens im In- und Ausland.

KURZINFO

Rezeption im Inland

- E. T. A. Hoffmann ist von der Qualität seines Märchens bereits während dessen Entstehung überzeugt.
- Die deutsche Leserschaft ist ebenfalls von dem Märchen begeistert.
- Fraglich bleibt, wie es von der zeitgenössischen Leserschaft verstanden wurde.
- Kritik gab es von Dichterkollegen wie Goethe, Eichendorff, Jean Paul oder Heine.

E. T. A. Hoffmann selbst war davon überzeugt, dass ihm mit dem *Goldnen Topf* ein Meisterwerk geglückt sei:

Hoffmann hält das Märchen für sein Meisterwerk

> „Gott lasse mich nur das Märchen enden, wie es angefangen – ich habe nichts Besseres gemacht, das andere ist tot und starr dagegen, und ich meine, dass das Sichheraufschreiben zu etwas Ordentlichem vielleicht bei mir eintreffen könnte!" (E. T. A. Hoffmann, *Sämtliche Poetische Werke*, Bd. 1: *Frühe Prosa, Briefe, Tagebücher, Libretti, Juristische Schrift. Werke 1794–1813*, S. 650)

Auch seine ersten Leser, wie etwa der Bamberger Bekannte Friedrich Gottlob Wetzel, äußerten sich begeistert:

> „Wenn es Werke des Genius gibt, die, gleich hoch über Lob und Tadel erhaben, den Maßstab, nach welchem sie zu messen sind, erst mit sich selbst auf die Welt bringen, so rechnen wir unbedenklich dieses wunderschöne Mährchen zu jenen seltnen Geistesblüthen. In der That wüßten wir neben ihm nichts zu nennen, als Göthe's berühmtes Mährchen in den Unterhaltungen Deutscher Ausgewanderter und Fouque's liebliche Undine; doch übertrifft der goldene Topf diese unstreitig noch an phantastischem Reichthum und kecker lebendiger Charakteristik. Die kühnste Phantasie, mit den gewagtesten Combinationen, wie nur der Traum sie schaffen kann, in geisterhafter Lebendigkeit spielend, durchdringt sich in diesem wunder-

baren Produkte mit dem reifsten Verstande und der klarsten Besonnenheit." (Zit. nach: E. T. A. Hoffmann, *Sämtliche Werke,* Bd. 2,1: „Kommentar", S. 761).

Goethe und andere Dichter kritisieren den *Goldnen Topf*

Und tatsächlich empfand dies auch ein Großteil seiner Kritiker so. Hoffmann erhielt überwiegend positive Kritik für dieses Märchen, das bereits zu seinen Lebzeiten in der zweiten Auflage erschien. In vielen Rezensionen wurde *Der goldne Topf* als Hoffmanns Meisterwerk bezeichnet. Wenn etwas negativ kritisiert wurde, dann lediglich die Tatsache, dass die Darstellung etwas zu überladen und zu bunt sei. Insgesamt gilt das Märchen wohl als dasjenige Werk Hoffmanns, das von seinen Zeitgenossen am meisten geschätzt wurde. Lediglich Goethe äußerte sich in der *Jenaischen Allgemeinen Literatur-Zeitung* negativ über die Geschichte, die er allerdings nur als englische Übersetzung kannte. Auch andere Dichterkollegen wie Eichendorff, Jean Paul und Heine lehnten Hoffmanns Ausdrucksweise als überspannt und krankhaft ab. Die Beliebtheit des Märchens hielt dennoch auch über Hoffmanns Tod hinaus an. Hoffmanns literarisches Ansehen begann zwar in Deutschland zu sinken, dafür stieg es im Ausland an.

KURZINFO

Rezeption im Ausland

- Die größte Resonanz findet Hoffmann in Frankreich.
- Das liegt u. a. an der berühmten Oper *Hoffmanns Erzählungen* von Jacques Offenbach.
- Im englischsprachigen Ausland ist Hoffmann weniger populär.
- In Russland erlebt sein Werk eine wechselhafte Rezeptionsgeschichte.
- Nach anfänglicher Begeisterung wird Hoffmann in der Ära Stalin als staatsfeindlich eingestuft.

Größter Auslandserfolg in Frankreich

E. T. A. Hoffmann ist einer der wenigen deutschen Autoren des 19. Jahrhunderts, der eine internationale Leserschaft für sich gewinnen konnte. Jedoch war er in keinem anderen Land so erfolgreich wie in Frankreich. Noch heute gilt er in Frankreich neben Goethe und Heine als einer der bekanntesten deutschsprachigen Dichter. Die Begeisterung für Hoffmanns Erzählungen war anfänglich überraschend, da der Start in Frankreich nicht ganz reibungslos verlief. Erst relativ spät, nämlich

1823, erschien die erste Übersetzung des Fräulein von Scuderi. Der Erfolg stellte sich jedoch erst ein, als sich der Übersetzer François-Adolphe Loève-Veimars der Texte Hoffmanns annahm und diese so veränderte, dass sie die Franzosen zu begeistern wussten. So hat er beispielsweise einen Monolog von Anselmus radikal gekürzt: „Er [Anselmus] murmelte unverständliche Sätze." (Feldges 1986, S. 276)

Das allein erklärt jedoch nicht die langanhaltende Begeisterung für den Autor. Zunächst wurde er als Schöpfer der phantastischen Dichtung gefeiert. Später sind es vielmehr sein Verhältnis zur Musik sowie der künstlerische Wert seiner Werke, die gewürdigt werden. Nicht zuletzt rückt jetzt auch die Person Hoffmanns aufgrund seines bewegten Lebens als Inbegriff der romantisch-tragischen Künstlergestalt immer bedeutsamer in den Vordergrund.

Auch in der zweiten Hälfte des 19. Jahrhunderts verschwindet das Interesse nie vollständig. Vielmehr sind es nun die psychologischen und pathologischen Aspekte in Hoffmanns Werken, die ins Zentrum des Interesses rücken. In dieser Zeit sind es besonders zwei Ereignisse, die in der französischen Rezeption Hoffmanns eine besondere Rolle spielen. Das eine ist die intensive Beschäftigung Baudelaires mit dem Werk Hoffmanns, der ihn als „absolut verbindlicher Theoretiker des Komischen" (Feldges 1986, S. 278) hervorhebt. Daneben wurden auch andere bedeutende französische Schriftsteller wie Balzac und George Sand stark von Hoffmann beeinflusst. Das andere Phänomen, welches ebenfalls maßgeblich zu Hoffmanns Popularität in Frankreich beigetragen hat, ist die 1881 von Jacques Offenbach veröffentlichte Oper *Hoffmanns Erzählungen* (vgl. Feldges 1986, S. 278).

Weniger Verbreitung im englischen Sprachraum

In England und den Vereinigten Staaten waren die Werke Hoffmanns weit weniger verbreitet als in Frankreich und wurden auch nicht so positiv beurteilt. *Der goldne Topf* wurde im englischsprachigen Raum durch die Übersetzung Carlyles bekannt. Unter den englischsprachigen Dichtern des 19. Jahrhunderts waren es vorwiegend Charles Dickens und Edgar Allan Poe, die von den Geschichten Hoffmanns fasziniert waren. Erst zu seinem hundertjährigen Todestag 1922 bekam Hoffmann im englischen Sprachraum große Aufmerksamkeit. Bis etwa 1960 wurde hier jedoch sein Werk hauptsächlich vor seinem biographischen Hintergrund beurteilt. Erst danach wurden Aspekte einzelner Phänomene wie Humor, Ironie oder Satire mit in die Analyse einbezogen (vgl. Feldges 1986, S. 280 f.).

Wechselhafte Geschichte in Russland

Im Russland des 19. Jahrhunderts war E. T. A. Hoffmann einer der bekanntesten und einflussreichsten deutschen Dichter. Zunächst als philosophischer Dichter geschätzt, wurden später auch seine genaue Kenntnis der menschlichen Psyche und seine Phantasie hervorgehoben. Selbst die Oktoberrevolution konnte die Begeisterung für Hoffmann nicht beseitigen, was sich z. B. daran zeigt, dass sich im Winter 1921 in Petrograd eine Gruppe junger Autoren versammelte, die sich die „Serapionsbrüder" nannten. In der Ära Stalin kam es zunehmend zu einer Ablehnung Hoffmanns, dessen Werke als staatsfeindlich eingestuft wurden. Seit den 1960er-Jahren hat sich die Haltung Hoffmann gegenüber jedoch wieder deutlich entspannt. Sein 200. Geburtstag wurde sogar mit einer Ausstellung und einem Gedenkabend in Moskau gefeiert.

3 Schnellcheck

Übersicht 1: Inhalt des Märchens *Der goldne Topf*

Übersicht 2: Personenkonstellationen

Übersicht 3: Das Ineinandergreifen von realer und magischer Welt

Übersicht 4: Das Spiegelmotiv

Übersicht 5: Erzählperspektiven

Übersicht 6: Gattungsmerkmale

Übersicht 7: Merkmale der Romantik im Märchen *Der goldne Topf*

Übersicht 1: Inhalt des Märchens *Der goldne Topf*

1. Vigilie	• Begegnung mit dem Apfelweib • Flucht ans Elbufer • Erscheinung der drei Schlangen im Holunderbaum	reale Welt
2. Vigilie	• Bootsfahrt mit Konrektor Paulmann auf der Elbe • Begegnung mit Veronika • Aussicht auf Anstellung beim Archivarius • zweites Aufeinandertreffen mit dem Apfelweib	magische Welt
3. Vigilie	• Erläuterung der Herkunft des Archivarius • Bekanntschaft zwischen Anselmus und Archivarius	reale Welt
4. Vigilie	• erneuter Besuch des Holunderbaums • Liebeserklärung an Serpentina • Archivarius als Vater der drei Schlangen	magische Welt
5. Vigilie	• Veronikas verliebte Träumereien • Veronikas böser Tagtraum • Besuch bei der alten Rauerin • Plan der Rauerin, den Archivarius zu besiegen und die Ehe zwischen Veronika und Anselmus anzubahnen	reale Welt
6. Vigilie	• Arbeitsantritt beim Archivarius • Bewunderung des goldnen Topfes	magische Welt
7. Vigilie	• heimliches Treffen zwischen Veronika und der Rauerin • magische Zeremonie • der Zauberspiegel der Rauerin	reale Welt

8. Vigilie	• Familiengeschichte des Archivarius und seiner Tochter Serpentina • glückliche Tage	magische Welt
9. Vigilie	• Veronikas Erscheinen im Traum • das Heiratsversprechen • das „Punschdebakel" • die Strafe des Archivarius	reale Welt
10. Vigilie	• Anselmus' qualvolle Gefangenschaft in der Flasche • Kampf des Archivarius gegen das Apfelweib • Anselmus' Befreiung	magische Welt
11. Vigilie	• Registrator Heerbrands Aufstieg zum Hofrat • Heiratsantrag an Veronika • Verlobung und Hochzeit	reale Welt
12. Vigilie	• Anselmus' Glück mit Serpentina in Atlantis	magische Welt

Übersicht 2: Personenkonstellationen

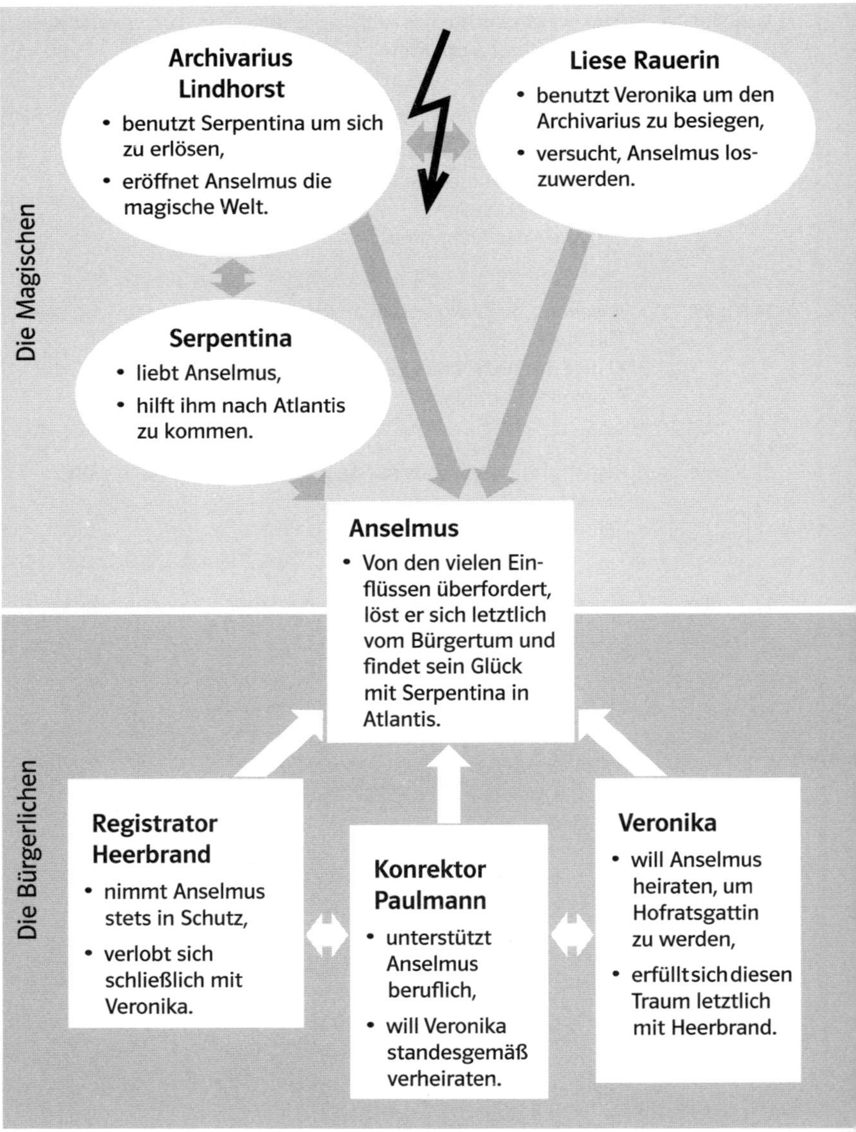

Übersicht 3: Ineinandergreifen der realen und der magischen Welt

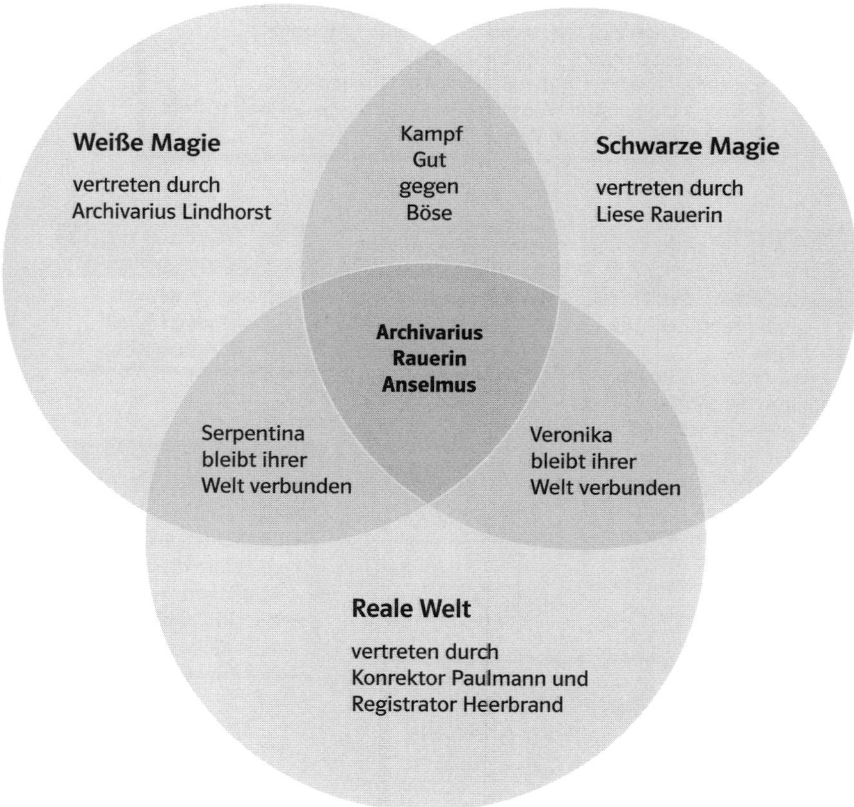

Übersicht 4: Das Spiegelmotiv

Der goldene Topf

- öffnet den Zugang zur Welt der Elementargeister,
- spiegelt die gute Seite der Magie,
- zieht Anselmus in den Bann der magischen Welt,
- birgt die tiefsten Wünsche und Bedürfnisse des Betrachters und bringt sie zum Vorschein.

Zauberspiegel der alten Liese

- symbolisiert die böse Magie,
- soll Anselmus in den Bann der Interessen der Rauerin ziehen,
- lässt ihm die Liebe zu Veronika real erscheinen,
- verliert seine Macht, nachdem er zerbricht.

Spiegel als Symbol des Magischen

Der Türklopfer

- spiegelt in seinem glänzenden Metall das Hexengesicht.

Der Zauberspiegel des Archivarius

- fasziniert Anselmus,
- zeigt ihm die drei Schlangen,
- lässt ihn dabei herrliche Klänge hören.

Mit dem **Spiegelmotiv** eng verbunden ist das Symbol des **Kristalls**. Es steht für die gute Magie, öffnet Anselmus den Blick in die Welt von Atlantis und zeigt ihm seine Berufung zum Dichter.
Das Gläserne hingegen steht für das Bürgerliche.

Übersicht 5: Erzählperspektiven

Der auktoriale Erzähler

- führt in die Handlung ein,
- informiert sachlich über die Geschehnisse,
- unterbricht immer wieder seine Schilderung durch direkte Ansprachen des Lesers (4., 7., 10., 12. Vigilie).

Der personale Erzähler

schildert Anselmus' Gedanken, Gefühle und Wahrnehmungen.

Der Ich-Erzähler

reflektiert den Erzählprozess und die Geschehnisse aus seiner Sicht.

Die Mehrdeutigkeit der Erzählung ist Folge des häufigen Perspektivenwechsels.

Übersicht 6: Gattungsmerkmale

„*Der gold[e]ne Topf* ist ein Entwicklungsroman in Märchenform, ein reflektierter Märchenroman. Diese Sichtweise fügt zu der [...] bedeutenden Rolle des Werkes in der Geschichte der Gattung ‚Märchen' eine zweite, mindestens ebenso bedeutende hinzu [...]."[1]

Element aus dem Entwicklungsroman

- Die Hauptfigur befindet sich in einem inneren Konflikt, der die persönliche Entwicklung in Gang setzt.
- Sie macht im Handlungsverlauf eine merkliche Entwicklung durch.
- Der Leser nimmt emotionalen Anteil an der Handlung.

Elemente aus dem Märchen

- Einfache Herkunft der Hauptfigur
- Die Hauptfigur ist tollpatschig und besitzt ein kindliches Gemüt.
- Typische Requisiten wie Spiegel, Kristalle, Metall, Steine usw.
- Am Ende siegt das Gute.

1 Hartmut Steinecke [u.a.] (Hrsg.), „Kommentar", in: E.T.A. Hoffmann, *Sämtliche Werke*, Bd. 2,1: *Fantasiestücke in „Callot's Manier". Werke 1814*, Frankfurt a.M.: Deutscher Klassiker Verlag 1993, S. 777.

Übersicht 7: Merkmale der Romantik im Märchen *Der goldne Topf*

Allgemeines

- Märchengattung (Kunstmärchen)
- Doppelgänger-Thematik
- Konflikt zwischen der Welt der Bürgerlichen und der Künstler

Bezüge zur romantischen Naturphilosophie

- Gute und böse Magie
- Element des Wassers, versinnbildlicht im Kristallspiegel, der Anselmus zur Selbsterkenntnis verhilft und ihm den Blick in die Welt von Atlantis öffnet
- Element der Erde, versinnbildlicht in den Gegenständen aus Metall, die zur Abschreckung, für das Brauen böser Zaubertränke und die Hellseherei verwendet werden
- Elementargeister
- Natur als hochkomplexer Organismus

Romantische Ironie

- Abrupte Wechsel zwischen Alltagswelt und Märchenwelt
- Reflexionen des Erzählers
- Brüche in der Erzählperspektive
- Karikierende Darstellung des Dresdner Bürgertums
- Leser bleibt mit ungelöstem Konflikt zurück

Die Überspitzung romantischer Elemente und die ironische Überzeichnung in E.T.A. Hoffmanns Märchen kündigen den Beginn der Ironie des Realismus im 19. Jahrhundert an.

4 Prüfungsaufgaben und Lösungen

1. Charakterisierung der Hauptfigur
2. Funktion des Erzählers
3. Der Konrektor und seine Tochter als Vertreter des Bürgertums
4. Die Bedeutung der Magie
5. Anselmus in Gefangenschaft
6. Realität und Phantasie
7. Anselmus führt ein Selbstgespräch
8. *Der goldne Topf* und Hermann Hesses Roman *Der Steppenwolf*

1. Charakterisierung der Hauptfigur

Aufgabenstellung

Analysieren und interpretieren Sie die erste Vigilie im Hinblick auf Anselmus' Charaktereigenschaften. Wählen Sie für die Untersuchung geeignete Gesichtspunkte aus.

Lösungsvorschlag

Personenmerkmale:

- Anselmus ist ein junger Student (5.5 und 24), der in Dresden (5.5) lebt.
- Er verfügt nur über geringfügige finanzielle Mittel („sein[en] kleine[r] nicht eben besonders gefüllte[r] Geldbeutel", 5.15 f.).
- Sein Aussehen wirkt auf Frauen so, dass sie mit ihm mitfühlen (vgl. 6.2 f.).
- Er hat ein „wohlgebildete[s] Gesicht" und einen „kräftigen Wuchs […]" (6.3 f.).
- Sein Anzug ist unmodisch, aber gepflegt (vgl. 6.6 ff.).
- Anselmus wirkt „magistermäßig" (6.10).

Emotionen:

- Anselmus ärgert und schämt sich, als ihm das Missgeschick mit der alten Frau und ihrem Apfelkorb passiert.
- Er will nicht im Mittelpunkt stehen und ist im Umgang mit fremden Menschen unsicher, da er, statt sich einfach zu entschuldigen und der alten Frau zu helfen, davonrennt und sich den Blicken der Menge „entziehen" (5.29) will.
- Er scheint seine Gefühle nicht kontrollieren zu können („von einem unwillkürlichen Grausen ergriffen", 5.26 f.).
- Der kleine Zusammenstoß geht ihm sehr nahe und nimmt ihn emotional mit („denn noch immer sah er die Äpfel und Kuchen um sich tanzen", 6.16 f.).
- Er war auf Genuss aus und hatte eigentlich vor, Alkohol zu konsumieren, Musik zu hören und Mädchen zu begegnen (vgl. 6.27 ff.); da ihm dies nun nicht vergönnt ist, weil er sein Geld der alten Frau gegeben hat, muss er beinahe anfangen zu weinen (vgl. 6.24), was ihn sowohl kindlich als auch sensibel erscheinen lässt.
- Dass er sich die gewünschte Szenerie des Feiertages so genau ausmalt, zeigt, dass er über sein Dasein und sein tollpatschiges Wesen sehr betrübt ist (vgl. 8.25 ff.).

Vom Unglück verfolgt:

- Bereits die Inhaltsangabe zu Beginn erwähnt, dass Anselmus sich mit „Unglücksfällen“ (5) auseinandersetzen muss.
- Unter dem Holunderbaum hält er einen Monolog über sein Pech im Leben, indem er mehrere Beispiele aufführt, die zum einen aus der Kindheit stammen (vgl. 7.17 ff.) und somit eher lächerlich wirken, zum anderen belanglos erscheinen, da sie allgemein bekannte Alltagsmissgeschicke benennen (vgl. 7,22 ff.).
- Anselmus erklärt sich diese Pannen durch das Zutun von Satan („goss mir der Satan ein Waschbecken über den Kopf“, 8.2 f.; „Aber da führt mich der Satan in den verwünschten Äpfelkorb“, 9.12 f.) und einem „Unstern“ (8.9). Dies zeigt, dass er schicksalsgläubig ist und die Schuld für seine missliche Situation einer höheren Gewalt zuschreibt und nicht selbst die Verantwortung übernimmt. Er sieht sich also als Opfer und erkennt sich, aufgrund seiner Erfahrungen, nicht als selbstbestimmtes Individuum.

Fühlt sich in der bürgerlichen Gesellschaft unwohl:

- Die Beschreibung seiner Kleidung zusammen mit seinem Erscheinungsbild als „gewisse[r] magistermäßige[r] Stil, dem sich nun wieder Gang und Stellung durchaus nicht fügen wollte“ (6.10 ff.) verdeutlicht, dass Anselmus nicht zu der gesellschaftlichen Schicht passt, in der er sich aufhält. Er versucht lediglich, dieser rein äußerlich zu entsprechen.
- Nachdem er ohne Geld nicht an den Feierlichkeiten teilnehmen kann, flieht er an ein ruhiges Plätzchen an der Elbe (vgl. 7.1 ff.).
- Dort malt er sich aus, wie er sich auf den Festlichkeiten in der bürgerlichen Gesellschaft gut zurechtgefunden und amüsiert hätte, doch muss er sich zu solch einem Verhalten „ermutige[n]“ (9.9 f.), was zeigt, dass ihm die bürgerlichen Verhaltensweisen nicht eigen sind.
- Dass er sich ganz auf die wundersame Erscheinung im Holunderbaum einlässt, ohne sich die Situation rational zu erklären, macht deutlich, dass er sich der bürgerlichen Welt entzieht und einer anderen, phantastischen Welt zuwendet.

Träume für ein zukünftiges Leben:

- Anselmus nahm einst sein Studium auf, weil er „zum geheimen Sekretär“ (8.8) aufsteigen wollte. Er benötigt dieses Amt und diese Stellung wohl, um auf sich „stolz“ (8,7) sein zu können.
- Er möchte gerne gewandt und offen in der Gesellschaft agieren können, vor allem auch in Bezug auf Frauen (vgl. 8.32 ff.). Die Wendung „ich wäre ein ganz anderer Mensch geworden“ (8.33) zeigt aber letztlich, dass er wegen seiner Ungeschicktheit nicht über die Veranlagung für das von ihm gewünschte Verhalten verfügt.

Umgang mit den wundersamen Erscheinungen:

- Anfangs versucht Anselmus sich die Erscheinungen im Holunderbaum mit natürlichen Dingen zu erklären: „das ist denn doch nur der Abendwind" (10.2); „Das ist die Abendsonne, die so in dem Holunderbusch spielt" (10.13 f.).
- Doch je stärker die Erscheinungen auf ihn wirken, umso weniger kann er seinen Verstand dazwischenschalten. Spätestens als eine der grünen Schlangen ihn mit ihrem Blick fesselt (vgl. 10.16 f.), kann Anselmus seinen Verstand nicht mehr einsetzen. Deshalb werden bis zum Ende der Vigilie lediglich die Erscheinungen geschildert und eine weitere Reaktion von Anselmus ausgespart.
- Die Tatsache, dass sich Anselmus völlig auf die wundersamen Erscheinungen konzentriert, lässt erkennen, dass er sich nicht der phantastischen Welt von vornherein verschließt, sondern prinzipiell offen für sie ist.

2. Die Funktion des Erzählers

Aufgabenstellung

Analysieren und interpretieren Sie den Textauszug 28.5–29.24. Erläutern Sie dabei die Funktion des Erzählers für die gesamte Erzählung.

Lösungsvorschlag

- Die Textstelle beginnt mit einer an den Leser gerichteten rhetorischen Frage: „… darf ich […] dich […] fragen, ob du […]“ (28.5 f.). Das Wort „darf“ zeigt an, wie vorsichtig der Erzähler mit dem Leser umgeht und dass er sich bewusst ist, ihm aufgrund der wundersamen Handlungsinhalte einiges abzuverlangen.
- Der Erzähler zeigt Verständnis für den Leser und seine emotionale Verwirrung im Leben (vgl. 28.5–28.29). Dieses Verständnis ist ein Mittel, um den Leser auf die Seite von Anselmus zu bringen, dem es genauso geht. Das gibt der Erzähler auch konkret zu: „Überhaupt wünschte ich, es wäre mir schon jetzt gelungen, dir, geneigter Leser! den Studenten Anselmus recht lebhaft vor Augen zu bringen.“ (28.29 f.)
- Auch die antithetische Darstellung der Sinnlosigkeit des Lebens („wichtig und wert […] nun läppisch und nichtswürdig“, 28.9 f.) gehört zu den rhetorischen Mitteln, mit denen der Erzähler versucht, dem Leser die Situation von Anselmus näherzubringen.
- Er spricht den Leser direkt an, indem er häufig das Personalpronomen „du“ verwendet, um die eindrückliche Wirkung auf den Leser zu verstärken.
- Der Erzähler schmeichelt dem Leser mit den Wendungen „günstiger Leser“ (28.5 und 26) und „geneigter Leser“ (28.30; 29.8 und 17 f.), indem er eine positive Lesehaltung voraussetzt.
- Der hypotaktische Satzbau zeigt an, dass es sich hier um eine komplexe, von Emotionen durchdrungene Thematik (Sehnsucht und Sinn des Lebens) handelt, die nicht leicht darzustellen ist. Auch die häufig vorkommenden Parenthesen unterstützen diese Wirkung (z. B. 28.6, 18, 26, 30 und 32 f.).
- Der antithetische Aufbau verdeutlicht die Vorzüge des Traumes und der Sehnsucht im Gegensatz zur harten Realität. *Realität:* „quälendes Missbehagen“ (28.8); „dunkles Gefühl“ (28.12 f.); „wie ein strenggehaltenes furchtsames Kind“ (28.15 f.); „mit trübem Blick“ (28.22); „wie ein hoffnungslos Liebender“ (28.22 f.); „erregte dir keinen Schmerz, keine Freude“ (28.25). *Traum/Sehnsucht:* „alles irdischen Genusses überschreitender Wunsch“ (28.14 f.); „duftiger Traum“ (28.19). Die erläuterten positiven Auswirkungen und Eigenschaften des Traumzustandes sollen den Leser besser nachvollziehen lassen, warum Anselmus sich seinen Träumereien hingibt.

- Der Erzähler mischt sich im gesamten Märchen immer wieder kommentierend und wertend in die erzählte Handlung ein, um den Leser zum einen ‚bei der Stange zu halten' und zum anderen, um seine eigenen Erfahrungen mit den dargestellten Sachverhalten zu erläutern (vgl. 12. Vigilie). Auch in diesen Passagen spricht er den Leser stets persönlich an. Der Leser wird so zum Komplizen, Mitwisser und Freund des Erzählers. Das zerstört zwar zum einen die Fiktion, zum anderen trägt es dazu bei, den erzählten Ereignissen Authentizität zu verleihen.

3. Der Konrektor und seine Tochter als Vertreter des Bürgertums

Aufgabenstellung

3.1 Beschreiben Sie die Charaktereigenschaften Paulmanns und seiner Tochter Veronika.

3.2 Erörtern Sie, inwieweit die beiden Figuren für die bürgerliche Lebensweise und die bürgerlichen Interessen stehen.

Lösungsvorschlag

Zu 3.1

Konrektor Paulmann

- ist ein Freund von Anselmus und Vater von zwei Töchtern (vgl. 14.7 ff.),
- geht Situationen ernsthaft an („setzte sich mit einer gewissen ernsten gravitätischen Amtsmiene zu dem Studenten", 15.9 f.).
- Da er vernunftgesteuert ist, hat er kein Verständnis für die phantastischen Berichte von Anselmus („mit hellen offenen Augen träumen [...] können nur Wahnwitzige oder Narren!", 16.6 ff.; „alle vernünftige Vorstellungen" 26.9).
- Er zeigt sich stets gastfreundlich gegenüber seinen Freunden (z.B. 14.11 ff.),
- kümmert sich nicht nur väterlich um seine beiden Töchter, sondern versucht auch, erzieherisch auf Anselmus einzuwirken („Mit dem Anselmus ist nun einmal in der Welt nichts anzufangen [...], alle meine guten Lehren, alle meine Ermahnungen sind fruchtlos", 36.8 ff.).
- Als besorgter Vater, der sich den Zustand seiner Tochter Veronika nicht erklären kann, holt er sich medizinischen Rat und ruft den Arzt (vgl. 62.15).
- Je nachdem, ob sich Anselmus seiner Meinung nach gerade ordentlich verhält oder nicht, bleibt der Konrektor ihm verbunden und sieht ihn als einen geeigneten Mann für seine Tochter (vgl. 17.14); er erweist sich damit als eigennützig und oberflächlich, weil es ihm letztlich nur um Anselmus' gute Stellung und dessen Titel geht und nicht um dessen Persönlichkeit.
- Obwohl der Konrektor mit dem Registrator Heerbrand befreundet ist, grenzt er sich von dessen Persönlichkeit ab („Sie haben immer solch einen Hang zu den Poeticis gehabt, und da verfällt man leicht in das Phantastische und Romanhafte", 16.28 ff.).
- Er glaubt an die Wissenschaft und orientiert sich an beweisbaren Fakten („man hat wohl Beispiele, dass oft gewissen Phantasmata dem Menschen vorkommen und ihn ordentlich ängstigen und quälen können, das ist aber körperliche Krankheit, und es helfen Blutigel, [...], wie ein berühmter bereits verstorbener Gelehrter bewiesen", 17.16 ff.).

Veronika

- ist hübsch und anmutig (vgl. 16.11 f. und 74.25),
- verfügt über musikalisches Talent (vgl. 17.31; 18.10; 74.15).
- Da sie auf materielle Dinge und einen in der Gesellschaft bedeutungsvollen Titel aus ist, werden ihre Gefühle für Anselmus noch stärker, als der Registrator davon berichtet, dass dieser gute Chancen auf die Anstellung zum Hofrat habe („Habe ich's denn nicht schon immer gewusst, dachte sie, dass der Herr Anselmus ein recht gescheiter, liebenswürdiger junger Mann ist, aus dem noch was Großes wird?“, 36.36 ff.).
- Emotional und verträumt zeigt sie sich, als Anselmus sie besucht und sich höchst anständig und galant verhält („er hat mir einen recht zärtlichen Blick zugeworfen [...]. – Veronika überließ sich aufs Neue jener Träumerei“, 38.21 ff.). Doch können ihre Gefühle auch sofort ins Negative umschlagen: „Da goss sich ein Eisstrom durch Veronikas Innres, und ein tiefes Entsetzen vernichtete die Behaglichkeit“ (38.31 ff.).
- Ob sie Anselmus wirklich liebt oder eher die Vorstellung einer gemeinsamen Zukunft, lässt sich nicht eindeutig beantworten. Als sie das Medaillon entdeckt, das sie von der Rauerin erhalten hat und mit dem sie Kontakt zu Anselmus aufnehmen kann, „durchströmt[e] sie ein unbeschreibliches Gefühl von Behaglichkeit und Wohlsein“ (61.28 ff.).
- Dass sie die alte Rauerin aufsucht, beweist Veronikas Wagemut (vgl. 41.32).
- Sie träumt von einer Zukunft als Frau eines gut situierten Mannes („Veronika überließ sich ganz, wie junge Mädchen wohl pflegen, den süßen Träumen von einer heitern Zukunft“, 37.8 ff.).
- Sie ist offener für das Unerklärliche als ihr Vater, da sie magische Kräfte als gegeben annimmt (vgl. 55.24 ff.). Sie sagt sich aber letztlich davon los (vgl. 94.19 ff.: Der Spiegel muss in die Elbe geworfen werden).
- Veronika will Anselmus aus den Fängen des Phantastischen befreien: „ich erlöse ihn [...] und nenne ihn mein immerdar“ (46.10 ff.).
- Schließlich findet sie ihr Glück als Hofratsgattin (vgl. 95.30 ff.).

Zu 3.2
Mögliche Argumente für die Erörterung

- Paulmann entstammt dem Bürgertum, da er als Konrektor dem bürokratischen Mittelstand angehört.
- Er hat eine sehr eingeschränkte Sicht auf die Welt und legt Wert auf Äußeres: einfache Vergnügungen (vgl. 17.28 ff.), Wichtigkeit von Titeln (vgl. 36.18 ff.), materielle Dinge und Nützlichkeitsdenken (vgl. 17.14 f.).
- Seine Tochter ist von denselben engstirnigen Betrachtungsweisen geprägt. Nur als ihre gemeinsame Zukunft mit Anselmus auf dem Spiel steht und somit ihre Zukunft als Gattin eines Hofrats, sagt sie sich von der konventionellen Lebensweise los und gibt sich der Magie hin, was sie später bereut.

- Die Wohnidylle der Paulmanns erinnert an die biedermeierliche Zurückgezogenheit, in der das zeitgenössische Bürgertum lebte (symbolische Zeichen dafür sind beispielsweise Klavier, Ofenaufsatz, Kaffeekanne, Punschterrine).
- Dem Konrektor sind die typischen bürgerlichen Tugenden wie Leistung und Fleiß wichtig, die er bei Anselmus vermisst (vgl. 36.8 ff.).

4. Die Bedeutung der Magie

Aufgabenstellung

Erörtern Sie die Bedeutung der Magie für das Märchen *Der goldne Topf.*

Lösungsvorschlag

- Die Magie hat für das Märchen große Bedeutung, weil sie starken Einfluss sowohl auf die Struktur als auch auf die Figuren des Werkes hat.

Bedeutung für die Struktur:

- Die Magie liefert den Impuls für den Handlungsstrang in der Märchenwelt, die der bürgerlichen Welt gegenübersteht. Archivarius Lindhorst und die alte Rauerin, zwei sich gegenseitig bekämpfende Magier, streiten sich um Anselmus und setzen ein Mädchen als Lockmittel ein, die Alte macht sich Veronika zunutze, der Archivarius seine Tochter Serpentina, um Anselmus auf die jeweilige Seite zu bringen.
- Weiße und schwarze Magie stehen in einem Spannungsverhältnis zueinander. Während der Archivarius in seinem exotisch anmutenden Haus und mit seiner väterlichen Art dem Leser sympathisch erscheint, ist die alte Rauerin mit den für die schwarze Magie typischen Attributen, äußeren Merkmalen und Verhaltensweisen ausgestattet.
- Die Darstellung der magischen Welt lässt aufgrund des Kontrastes die bürgerliche Welt noch konservativer und spießiger erscheinen. Die bürgerlichen Tugenden und Werte der realen Welt gelten im magischen Bereich nicht, in ihm spielt auch das Materielle keine Rolle, sondern das Können im Umgang mit den magischen Kräften. Die magische Welt erscheint bunter und lebendiger als die bürgerliche; sie vermag dadurch den Menschen in ihren Bann zu ziehen, wie das Beispiel von Anselmus und Veronika zeigt
- Es kommen magische Symbole vor, wie zum Beispiel der magische Spiegel, der für das Übernatürliche steht. Die Spiegelungen gewähren sowohl dem Besitzer als auch dem Betrachter Einblicke in die magische Welt.
- Die schwarze Magie ist als die schwächere gekennzeichnet, da die alte Rauerin den Kampf gegen den Archivarius verliert und Veronika Anselmus nicht für sich gewinnen kann.

Bedeutung für die Figuren:

- Für die magischen Figuren ist der Umgang mit der Magie real, während die Bürgerlichen keinen Zugang zu ihr haben. Die Figuren aus dem Reich der Magie bedienen sich aber der Menschen, um ihre magischen Kräfte zu steigern.

- Die magischen Figuren sind entweder der schwarzen (die alte Rauerin) oder der weißen Magie (der Archivarius) zugeordnet. Daraus ergibt sich ein Dualismus, der die Figuren in ihrer Handlungsweise bestimmt.
- Die magische Kraft des Archivarius reicht jedoch für seine Erlösung nicht aus. Er braucht dazu einen Menschen mit Hang zur Poesie und einem emotionalen Gemüt, den er in Anselmus findet.
- Registrator Heerbrand ist der Magie zugewandt, allerdings aus einer wissenschaftlichen Perspektive heraus. Er nimmt sie als gegeben an, gibt sich ihr aber nicht hin.
- Konrektor Paulmann hat keinerlei Zugang zur Magie.
- Veronika macht sich die Magie zunutze, um ihr Ziel zu erreichen. Sie verliert sich aber nicht in ihr. Für sie ist die Magie lediglich ein Hilfsmittel.
- Die alte Rauerin hingegen benutzt Veronika dazu, die Erlösung des Archivarius zu verhindern.
- Da Anselmus kein grundsätzlich rationaler Mensch ist, lässt er sich leicht von den magischen Kräften beeinflussen, und zwar so stark, dass er sich in der magischen Welt verliert.
- Für ihn bedeutet die magische Welt eine Fluchtmöglichkeit aus der bürgerlichen Welt, zu der er sich nicht zugehörig fühlt. Das wird zum Beispiel in der achten Vigilie deutlich, in der die Arbeitsstunden beim Archivarius als „die glücklichsten seines Lebens" (62.30) bezeichnet werden und er deshalb „dem gewöhnlichen Leben [ganz] entrückt [ist]" (73.10 f.).
- Letztlich spielt aber auch die dargestellte bürgerliche Gesellschaft eine wichtige Rolle, da ohne die Gegenüberstellung der zwei Welten das Märchen eine ironische und kritische Haltung entbehren würde.

5. Anselmus in Gefangenschaft

Aufgabenstellung

Analysieren und interpretieren Sie den Textauszug 83.10–85.14.

Lösungsvorschlag

Die Innenwelt, das Geistige, kehrt sich in der Flasche nach außen. In der Enge und Isolation seines Gefängnisses kann Anselmus sich mit seiner Gedankenwelt konfrontieren, veranschaulicht in der Personifikation „seine Gedanken schlugen an das Glas" (83.11 f.). Wie sehr er leidet und verwirrt ist, zeigen die „misstönenden Klänge" (83.12) und „das dumpfe Brausen des Wahnsinns" (83.14), die er vernimmt.

- Die Enge in der Flasche wird für ihn erträglicher, als er seiner Verzweiflung Ausdruck verleiht und nach Serpentina ruft (vgl. 83.15 f.). Das darauf folgende wundersame Geschehen (83.16–20) lässt ihn freier atmen und klarer sehen. Die Nähe zu Serpentina tut ihm gut und gibt ihm Klarheit, und die Hinwendung zu ihr ist gleichzeitig eine Hinwendung zur märchenhaften Welt und Abwendung von der rationalen Welt. Die Gefangenschaft in der Flasche symbolisiert sein inneres Gefangensein zwischen diesen zwei Welten.
- Mit drei rhetorischen Fragen bringt Anselmus die eigene Schuld an seiner misslichen Lage zum Ausdruck (vgl. 83.20–25). Die Wendung „habe ich nicht gegen dich […] gefrevelt?" (83.21 f.) zeigt, dass ‚Serpentina' hier nicht nur für eine Figur, für die Tochter des Archivarius steht, sondern auch für abstrakte Dinge wie die Hinwendung zur Liebe und zur Kunst, zur überirdischen und künstlerischen Ebene. Daher lassen sich auch die zwei darauf folgenden Fragen so verstehen, dass es um den „Glauben" an diese abstrakten Ebenen geht, dass Anselmus sich mit den Zweifeln daran und der vordergründigen Hinwendung zu Veronika und der bürgerlichen Welt letztlich selbst verraten hat. Darin besteht seine eigentliche Schuld, für die er mit der Gefangenschaft bestraft wird. Die Anapher („habe") unterstützt den sich selbst anklagenden Ton. Der dreimalige Ausruf „ach" untermalt sein Wehklagen (vgl. 83.21,25,27).
- Dass Anselmus' Beziehung zu Serpentina mit der Verbindung zum goldenen Topf zusammenhängt, wird im darauffolgenden Satz deutlich (vgl. 83.25 ff.). Er sieht diese Verbindung nun in großer Gefahr und hat Angst davor, die damit in Zusammenhang stehenden „Wunder" nicht mehr erleben zu dürfen. Hinter diesen Wundern verbergen sich für ihn der Zugang zur Poesie und zur Welt der Gefühle sowie die Hingabe an die Empfindungen.

- Überraschenderweise entdeckt er nun fünf weitere Flaschen, in denen Gefangene stecken. Die drei Kreuzschüler und die zwei Praktikanten scheinen noch nicht dafür bereit gewesen zu sein, sich auf die poetische Welt einzulassen. Dass ihnen dieser Zugang verwehrt bleiben wird, zeigt zum einen ihre positive Stimmung („gelassen“, „vergnügt“, „heiter“, 84,2f.), zum anderen, dass sie mit ihrer Arbeit beim Archivarius letztlich nur auf das Materielle aus sind („die Speziestaler [...] tun uns wohl“, 84.12ff.). Sie haben keinen Zugang zur poetischen Welt gefunden und bezeichnen die Tätigkeit abwertend als „konfuse Abschriften“ (84.13) und „leidige Aktenschreiberei“ (84.23). Die bürgerliche Welt steht ihnen näher. Sie beschäftigen sich deshalb mit Kneipengängen, „Doppelbier“, „hübschen Mädchen“, Studentengesängen und sind dabei „seelenvergnügt“ (84.16ff.). Sie stellen genau das Gegenteil zu Anselmus dar, der diesen Verhaltensweisen nichts abgewinnen kann. Sein Unverständnis bringt er sogleich zum Ausdruck: „[...] spüren Sie es denn nicht, dass Sie allesamt und sonders in gläsernen Flaschen sitzen [...]“ (84.25f.).
- Die Metapher der Gefangenschaft in der Flasche löst sich auf, indem die fünf Studenten erklären, dass sie alle zusammen auf der Elbbrücke stehen (vgl. 84.31). Sie nehmen sich also gar nicht als Gefangene in den Flaschen wahr, was die Möglichkeit eröffnet, dass es sich bei Anselmus' Wahrnehmung um einen Wahn handeln könnte.
- Die Bedeutung, die Anselmus sowohl Serpentina als auch der Poesie und der märchenhaften, phantastischen Welt zuschreibt, drückt er in Abgrenzung zu den ‚normalen‘ Studenten deutlich aus: Für ihn ist diese Welt „Freiheit und Leben in Glauben und Liebe“ (84.34f.). Wie gut ihm der Zugang zu dieser Welt tut, zeigt die Ausdehnung seines Gefängnisses, als ihn Serpentinas Stimme auffordert: „glaube, liebe hoffe!“ (85.5)
- Am Ende des Textauszugs achtet Anselmus nicht mehr auf die Studenten und die von ihnen verkörperte bürgerliche Welt, sondern konzentriert sich ganz auf Serpentina, weil er nun sicher ist, dass die Verbindung mit ihr für ihn der richtige Weg ist. Diese Klarheit gibt ihm Stärke und hilft ihm später dabei, sich gegen die alte Rauerin und ihre schwarze Magie zu behaupten. Das ermöglicht ihm letztlich die Befreiung aus der Gefangenschaft und den erwünschten Zugang zur phantastischen Welt von Atlantis.

6. Realität und Phantasie

Aufgabenstellung

Analysieren Sie das Verhältnis von Realität und Phantasie in Hoffmanns Erzählung.

Lösungsvorschlag

Phantasie als Fluchtmöglichkeit aus der bürgerlichen Realität

- Anselmus fühlt sich in der bürgerlichen Welt nicht wohl.
- Die Erwartungen, die von der Gesellschaft an ihn gestellt werden, kann er nicht erfüllen.
- Ihm ist es wichtig, sich seinen Gefühlen hingeben zu können.
- Er nimmt die Anstellung bei Archivarius Lindhorst an, der bei den Vertretern des Bürgertums als sonderbarer Mensch gilt.
- Er zieht die schwärmerische/phantastische Liebe zu Serpentina der Vernunftheirat mit Veronika vor.
- Zur Erleichterung oder Beschleunigung des Übergangs von der Realität in die Phantasie macht sich Anselmus häufig Rauschmittel zunutze; er nimmt meist Alkohol zu sich oder raucht (vgl. (7.4f.; 20.16f.; 76.32ff.). Zu welch grotesken Szenen es im Grenzbereich kommen kann, zeigt die Punsch-Gesellschaft.
- Die Arbeit beim Archivarius nimmt Anselmus immer mehr ein und wird allmählich zum Ersatz für die bürgerliche Realität.
- Anfangs wundert er sich noch über das Verhalten des Archivarius und sein seltsames Haus. Doch im weiteren Verlauf wird die phantastische Umgebung für ihn immer selbstverständlicher.
- Als sich Anselmus kurzzeitig von dieser Welt distanziert und zu Veronika hingezogen fühlt, wird deutlich, wie stark er der Realität bereits entfremdet ist.

Ineinandergreifen von Realität und Phantasie

- Dass Realität und Phantasie immer mehr ineinander übergehen, zeigt sich besonders an dem „Punschabend" bei Konrektor Paulmann.
- Anselmus' Arbeitsleben spielt sich über lange Zeit nur beim Archivarius ab, er tauscht die bürgerliche Realität gegen die magische und phantastische Welt ein.
- Anselmus trifft sich in dieser Zeit nicht mehr mit seinen Bekannten.
- Das Mystische wird immer mehr zur eigentlichen Lebenswirklichkeit, in die sich Anselmus völlig zurückzieht.

7. Anselmus führt ein Selbstgespräch

Aufgabenstellung

Stellen Sie sich vor, es kommt nicht wie in der Handlung von Hoffmanns Märchen zum „Punschdebakel" bei Konrektor Paulmann. Nach einem schönen Abend mit seinen Freunden liegt Anselmus abends im Bett und denkt über den Tag und die Geschehnisse nach. Verfassen Sie einen inneren Monolog.

Lösungsvorschlag

„Was für ein schöner Tag! Mir ging es mit jeder Minute besser, mit der ich fühlte, dass die phantastischen Bilder und Einbildungen der letzten Wochen immer mehr verblassten. Leider kam es zu keinem Kuss mehr zwischen Veronika und mir, doch ihre Blicke und ihre Berührungen, die ihre Liebe zu mir zum Ausdruck brachten, sind mir umso mehr wert.
Und meine lieben Freunde, die zu mir halten, obwohl ich mich in der letzten Zeit wie ein Narr verhalten habe … Sie haben wirklich viel Geduld mit mir, dem ungeschickten Studenten, der so oft vom Pech verfolgt wird. Aber nun spüre ich, dass mir glücklichere Tage in Dresden bevorstehen. Ach! unstetes Leben du! Was für Überraschungen hältst du noch für mich bereit?
Als ich Veronika heute seit Tagen wieder leibhaftig vor mir sah und ihre Hand küsste, überkam mich ein starkes, schönes Gefühl, wie ich es vorher nur in Serpentinas Nähe kannte. Serpentina gibt mir zwar Hoffnung und Halt, um mich selbst zu akzeptieren, aber sie entfernt mich von dem Leben hier in Dresden mit meinen Freunden und meinem beruflichen Ziel. Die Liebe, die ich Serpentina gegenüber verspürte, galt eigentlich immer nur Veronika, das wurde mir klar, als wir beide in ihren kleinen Spiegel blickten. All diese Träumereien, die Liebe zu einer kleinen goldgrünen Schlange, das waren nur Hirngespinste. Ich muss mich lediglich auf meine Arbeit und auf Veronika konzentrieren, dann werde ich mich mit der Zeit immer besser in der bürgerlichen Welt zurechtfinden und dazugehören.
Doch werde ich den Archivarius und seinem wunderschönen, sonderbaren Umfeld widerstehen können? Werde ich mein Gemüt und meine Phantasie im Griff behalten, damit einer Zukunft als Hofrat mit Veronika an meiner Seite nichts mehr im Wege steht? Ich muss nur fest genug daran glauben – lieben und hoffen. Schließlich liebe ich Veronika, ich liebe sie, meine liebste Veronika (schläft langsam ein und murmelt noch leise vor sich hin), ach, holde Veronika … meine liebliche Serpentina … Liebe meines Lebens …"

8. *Der goldne Topf* und Hermann Hesses Roman *Der Steppenwolf*

Aufgabenstellung

Vergleichen Sie E. T. A. Hoffmanns Märchen *Der goldne Topf* mit Hermann Hesses Roman *Der Steppenwolf* unter übergeordneten Gesichtspunkten.

Lösungsvorschlag

Die Flucht aus der Bürgerlichkeit

- Harry Haller, der Protagonist von Hesses Roman, fühlt sich in der bürgerlichen Welt nicht mehr wohl, obwohl er ihr entstammt. Wie Anselmus fühlt er sich missverstanden, kann sich aber auch nicht ganz aus seinem ehemaligen Umfeld lösen.
- Die Figuren, die dem Bürgertum angehören, treten im *Steppenwolf* lediglich als Randfiguren auf. Sie verdeutlichen die Kluft, die zwischen Haller und der bürgerlichen Welt besteht.
- Konrektor Paulmann und seine Tochter Veronika hingegen haben eine größere Bedeutung für den Protagonisten. Er ist noch nicht so reif, reflektiert und erfahren wie Harry Haller, so dass er sich nicht so deutlich gegen die bürgerliche Welt abzugrenzen vermag; er möchte gerne ein Teil von ihr sein und kämpft bis zum Ende damit, sich und seine Andersartigkeit zu akzeptieren.
- Es gibt in beiden Werken Bürgerliche, die dem Protagonisten sympathisch erscheinen und ihn unterstützen. Im *Goldnen Topf* ist das Registrator Heerbrand, der Verständnis für Anselmus und seinen seelischen Zustand aufbringt. Harry Haller pflegt den Kontakt zu seinem alten Professor, da er die Gespräche mit ihm zu schätzen weiß.
- In beiden Werken werden die bürgerlichen Figuren stellenweise karikiert.

Die Persönlichkeitsstrukturen

- Harry Haller steht kurz vor seinem fünfzigsten Geburtstag und arbeitet als freier Schriftsteller. Ihn beschäftigen seine zwei zentralen und konträren Wesenszüge, die er nicht miteinander vereinbaren kann. Zum einen ist er gebildet und reflektiert, zum anderen besitzt er auch eine wilde, ungezähmt Seite in sich, die er zu unterdrücken versucht.
- In der Romanhandlung steht seine psychische Entwicklung im Vordergrund.
- Anselmus dagegen ist ein junger Student, der noch nicht in einem selbstständigen Leben angekommen ist. Ihn beschäftigen die zwei Welten, mit

denen er konfrontiert wird. Zum einen lebt er in der bürgerlichen Welt, in der er sich aber nicht wohl fühlt, zum anderen fasziniert ihn die Märchenwelt.

- Die Handlung konzentriert sich darauf, wie Anselmus sich von der bürgerlichen Welt löst, sich ganz der Märchenwelt hingibt und schließlich in ihr verbleibt.
- Harry Haller und Anselmus versuchen mithilfe der Kunst etwas Höheres als das irdische Leben zu finden. Haller beginnt seine Suche bei den alten Meistern der klassischen Musik, während Anselmus sich der Poesie öffnet.

Dualismus

- Der Steppenwolf, Harry Haller, leidet unter dem Dualismus von Mensch und Steppenwolf in sich selbst. Er ist nicht dazu in der Lage, beide Anteile in sich zu befrieden und in seiner Seele und Persönlichkeitsstruktur zu vereinen. Nur durch die Hilfe von Pablo und Hermine schafft er es, diesem Ziel näher zu kommen.
- Anselmus leidet unter dem Dualismus der realen und der magischen Welt. Einerseits ist er durch seine gute Schulbildung und sein Studium ein Mitglied der bürgerlichen Gesellschaft, in der er einen besonderen Platz anstrebt, wie der Kontakt zu Paulmann und Heerbrand zeigt. Er ist den kleinen Freuden des bürgerlichen Daseins gegenüber nicht abgeneigt. Andererseits kann er den in dieser Welt erwarteten Verhaltensweisen nicht entsprechen. Ihm unterlaufen immer wieder diverse Missgeschicke, und er fühlt sich zur phantastischen Märchenwelt hingezogen.

Das Spiegelmotiv

- Im Roman *Der Steppenwolf* tauchen vielerlei Arten von Spiegeln auf. Sie dienen durchweg der Selbstreflexion und Selbsterkenntnis Harry Hallers.
- Ebenso dient auch Anselmus der Blick in den Spiegel seiner Selbsterkenntnis.
- Darüber hinaus wird im *Goldnen Topf* die magische Funktion der Spiegel besonders hervorgehoben. Sie vermitteln häufig den Zugang zur magischen Welt.

Magie

- Im *Steppenwolf* ist der Ort der Magie das „Magische Theater“. Dort wird Harry Haller mit seinem inneren Selbst und den verschiedenen Anteilen seiner Persönlichkeit konfrontiert und erhält die Möglichkeit, diese auszuleben.
- Im *Goldnen Topf* spielt die Magie eine weitaus größere Rolle, vor allem im Zusammenhang mit dem Widerstreit zwischen weißer und schwarzer Magie. Die Magie ist auch der Schlüssel, der Anselmus die Tür zu einem neuen Leben in Atlantis öffnet.

Die Bezüge zur romantischen Literatur

- Im *Steppenwolf* gibt es Bezüge zu den Romanen der Romantik. Der Traktat beispielsweise beginnt wie ein Märchen: „Es war einmal einer namens Harry, genannt der Steppenwolf." Außerdem ist der kleine Raum vor dem magischen Theater in blaues Licht getaucht, und das Blumenmotiv taucht immer wieder auf.
- Im *Goldnen Topf* entsteht durch den ständigen Wechsel zwischen realer Welt und Märchenwelt und deren teilweise überspitzten Darstellung eine neue Form von Ironie. Da sie sich nicht nur gegen die zeitgenössische Gesellschaft, sondern auch gegen die romantische Kunst richtet.

Die Rolle der Frauen

- Die Prostituierte Hermine ist für Harry Haller eine Seelenverwandte, die ihn dabei unterstützt, seine körperlichen und emotionalen Bedürfnisse anzuerkennen und auszuleben. Sie zeigt ihm die Einfachheit des Lebens und dass sein elitäres Denken ihm dabei im Weg steht, zufrieden zu sein.
- Hermines Funktion im Roman besteht darin, dass sie Harrys Alter Ego darstellt und die in ihm verborgene sinnenfrohe und lebensnahe Seite verkörpert.
- Andererseits ist Hermine für Harry auch wie eine Mutter, die ihrem Kind sagt, was zu tun ist. Er lässt sich im völligen Vertrauen zu ihr leiten.
- Auch Maria spielt für Harry Haller eine wichtige Rolle. Sie ist gleichfalls eine Prosituierte und hilft ihm, seine unterdrückten sexuellen Bedürfnisse auszuleben.
- Veronika bietet Anselmus die Möglichkeit, sich im bürgerlichen Leben zu etablieren. Er vermag sich manchmal auf sie und ihre Gefühle zueinander einzulassen, doch steht ihnen beiden seine Liebe zu Serpentina stets im Weg. Die Gefühle für Serpentina sind frei von Nützlichkeitsdenken, nicht wie die Liebe zu Veronika von bestimmten Wünschen an die bürgerliche Gesellschaft geprägt. Die reine Liebe zu ihr ist so stark, dass sie ihm durch sämtliche schwierige Situationen hindurch eine große Hilfe bedeutet. Die endgültige Vereinigung mit ihr bedeutet für Anselmus das größte Glück.
- Auch für die Struktur des Märchens haben beide Frauen eine große Bedeutung. Sie tragen zum Dualismus zwischen guter und böser Magie bei, indem Serpentina als Tochter des Archivarius die weiße Magie verkörpert und Veronika als Dienerin der schwarzen Magie fungiert, da sie sich mit der alten Rauerin zusammentut, um Anselmus für sich zu gewinnen.

Literaturhinweise

Werkausgabe

Hoffmann, E. T. A.: Sämtliche Werke in sechs Bänden. Hrsg. von Hartmut Steinecke [u. a.]. Frankfurt a. M.: Deutscher Klassiker Verlag 1993–2005. [Bd. 1: Frühe Prosa, Briefe, Tagebücher, Libretti, Juristische Schrift. Werke 1794–1813; Bd. 2,1: Fantasiestücke in Callot's Manier. Werke 1814; Bd. 6: Späte Prosa, Briefe, Tagebücher und Aufzeichnungen, juristische Schriften. Werke 1814–1822.]

Sekundärliteratur

Benz, Richard: Märchen-Dichtung der Romantiker. Mit einer Vorgeschichte. Gotha: Verlag von Friedrich Andreas Perthes 1908.

Cieslak, Hanna: Die doppelsinnige Welt in E. T. A. Hoffmanns Märchen *Der goldene Topf*. Norderstedt: GRIN Verlag 2006.

De Loecker, Armand: Zwischen Atlantis und Frankfurt. Märchendichtung und Goldenes Zeitalter bei E. T. A. Hoffmann. Frankfurt a. M.: Peter Lang 1983.

Driesen, Albrecht: Das Spiegel-Bild in Erzählungen E. T. A. Hoffmanns. Poetologie eines literarischen Spiegelkabinetts. Taunusstein: Verlag Dr. H. H. Driesen 1999.

Feldges, Brigitte / Stadler, Ulrich: E. T. A. Hoffmann. Epoche – Werk – Wirkung. München: C. H. Beck 1986.

Grobe, Horst: Textanalyse und Interpretation zu E. T. A. Hoffmann. *Der goldne Topf*. Hollfeld: Bange 2011.

Heine, Roland: Transzendentalpoesie. Studien zu Friedrich Schlegel, Novalis und E. T. A. Hoffmann. Bonn: Bouvier 1974.

Jaffé, Aniela: Bilder und Symbole aus E. T. A. Hoffmanns Märchen *Der goldne Topf*. Einsiedeln (Schweiz): Daimon-Verlag 2010.

Jander, Simon: E. T. A. Hoffmann. *Der goldne Topf. Ein Märchen aus der neuen Zeit*. Braunschweig: Schöningh 2011.

Koch, Holger: Ambivalenz und Funktion des Erzählers in E. T. A. Hoffmanns Märchen *Der goldene Topf*. Norderstedt: GRIN-Verlag 2003.

Kremer, Detlef (Hrsg.): E. T. A. Hoffmann. Leben – Werk – Wirkung, Berlin: De Gruyter 2009 (De Gruyter Lexikon).

Küchler-Sakellariou, Petra: Implosion des Bewußtseins. Allegorie und Mythos in E. T. A. Hoffmanns Märchenerzählungen. Frankfurt a. M.: Peter Lang 1989.

Lukjanova, Julia: Die neue Märchentheorie bei E. T. A. Hoffmann. Das Märchen *Der goldene Topf*. Norderstedt: GRIN Verlag 1999.

Neubauer, Martin: E. T. A. Hoffmann. *Der goldne Topf.* Stuttgart: Reclam 2005 (Reclams Lektüreschlüssel).

Preisendanz, Wolfgang: Humor als dichterische Einbildungskraft. Studien zur Erzählkunst des poetischen Realismus. München: Wilhelm Fink 1985.

Schwanenberger, Joachim; E. T. A. Hoffmann – Ideal und Wirklichkeit. Zur Rekonstruktion seiner Vorstellungswelt. Frankfurt a. M. / Bern / New York / Paris: Peter Lang 1990.

Scholz, Ingeborg: E. T. A. Hoffmann. *Das Fräulein von Scuderi / Der goldne Topf.* Interpretation und unterrichtspraktische Vorschläge. Hollfeld: Beyer 2007.

Segebrecht, Wulf: Autobiographie und Dichtung. Eine Studie zum Werke E. T. A. Hoffmanns. Stuttgart: Metzler 1967.

Tismar, Jens: Kunstmärchen. Stuttgart: Metzler 1983.

Vitt-Maucher, Gisela: E. T. A. Hoffmanns Märchenschaffen. Kaleidoskop der Verfremdung in seinen sieben Märchen. Chapel Hill: The University of North Carolina Press 1989.

Wellenberger, Georg: Der Unernst des Unendlichen. Die Poetologie der Romantik und ihre Umsetzung durch E. T. A. Hoffmann. Marburg: Dr. Wolfram Hitzeroth Verlag 1986.

Wührl, Paul-Wolfgang: E. T. A. Hoffmann. *Der goldne Topf.* Die Utopie einer ästhetischen Existenz, Paderborn/München/Wien/Zürich: Schöningh 1988.

Wührl, Paul-Wolfgang: E. T. A. Hoffmann. *Der goldne Topf.* Erläuterungen und Dokumente. Stuttgart: Reclam 2004.

Wührl, Paul-Wolfgang: Das deutsche Kunstmärchen. Geschichte, Botschaft und Erzählstrukturen. 3., etwas ergänzte Aufl. Baltmannsweiler: Schneider Verlag Hohengehren 2012.

Stichwortregister

S

T

V

W

Z